古典学译丛

丛书主编　阮　炜　曹亚军

THREE WORKS OF
TERTULLIANUS

德尔图良
著作三种

[古罗马] 德尔图良 著　　刘英凯　刘路易 译

上海三联书店

"古典学译丛"出版说明

我国接触西方古典文明,始于明末清初。耶稣会士来华传教,为了吸引儒生士大夫入基督教,也向他们推销一些希腊、罗马学问。但这种学问并没有真正打动中国读书人。他们中大多数人并不觉得"泰西之学"比中土的学问高明。及至清末,中国的读书人才开始认真看待"西学",这当然包括有关希腊、罗马的学问。及至新文化运动时期,中国人才如饥似渴地学习西方的一切,激情澎湃地引进一切西方思想。在此过程中,我们对希腊、罗马文明有了初步认识。

回头看去,在相当长一段时间里我们对西方古典学的引进是热情有余,思考不足,且主要集中在希腊神话和文学(以周作人为代表),后来虽扩展到哲学,再后来又扩大到希腊、罗马历史,但对古代西方宗教、政治、社会、经济、艺术、体育、战争等方方面面的关注却滞后,对作为整体的古代西方文明的认知同样滞后。1937年至1949年,我们对希腊、罗马文明的认知几乎完全陷于停滞。但从1950年代起,商务印书馆按统一制定的选题计划,推出了"汉译世界学术名著丛书",其中有希罗多德的《历史》(王以铸译)和修昔底德的《伯罗奔尼撒战争史》(谢德风译)等。1990年代以来,该丛书继续推出西方古典学名著。与此同时中国人民大学出版社出版了《亚里士多德全集》(十卷本,苗力田主编),人民出版社出版了《柏拉图全集》(四卷本,王晓朝译)。至此,我们对古代西方的认识似乎进入了快车道。但很显然,这离形成中国视角的古典学仍十分遥远。

近年来,华夏出版社和华东师大出版社又推出了"西方传统:经典与解释"系列,其中有不少首次进入汉语世界的希腊原典,如色诺芬《远征记》《斯巴达政制》和《希腊志》等。这套丛书很有规模,很有影响。但也有这样一个特点:有意识地使用带注疏的源语文本,重点翻译有"解经学"特色和保守主义倾向的古典学著作。在经历了一个多世纪革命和运动的国情下,这种翻译介绍工作自然有其价值,但对于包括古希腊、罗马(以及埃及、西亚、拜占廷)宗教、神话、哲学、历史、文学、艺术、教育等方面的研究在内的主流古典学来说,毕竟只是一部分。几百年来,古典学在西方已然演变为一个庞大的学科领域,稍稍像样一点的西方大学一定有一个古典学系,但有"解经学"特色和保守主义倾向的古典学仅仅只是其一个分支。

当然,国内其他出版社也翻译出版了一些古典学著作,但总的说来,迄今为止的引进并非系统深入,对西方各国近二三十年较有影响的古典学成果的引介更是十分有限。与此同时,进入新世纪以后中华大地每天都发生着令人目炫的变化,这种变化最终将导致全球既有权力格局的深刻变动。事实上,在国际经济和政治事务上,中国已经是一个大玩家。据多个权威机构预测,以购买力平价计算,中国经济总量在未来二三十年内将超越美国,将成为世界第一大经济体。这一对全体中国人乃至全人类都不可逃避的态势必将到来,但中国在学术上有什么建树?几十年来中国经济建设日新月异,天翻地覆,但学术建设却相对滞后,未能取得相应的进步。未来中国不仅应当是世界上的头号经济强国,还应当是首屈一指的、掌握了话语权的学术强国。因此一如晚清和五四时代那样,融汇古今中外的学术建设,开启一种中国视角的古典学、一种中国视角的西方研究,仍然是摆在人文学者面前的一个大课题。

对古代西方作深入研究,把西方古典学的最新成果系统地介绍到中文世界,应当是这一课题的一个重要组成部分。可是学界目前所做的工作还远远不够。因学术积累有限,更因市场经济和学术体制官僚化条件下的人心浮躁,如今潜心做学问的人极少,这就是为什么我们对希腊、罗马文明的认识仍缺乏深度和广度,久久停留在肤浅的介绍层次。近年来,我们对西方古典学表现出不小的兴趣,但仍未摆脱只知其一不知其二、浅尝辄止、不能深入的尴尬。甚至一些学术名人对希腊、罗马了解也很不准确,犯下一些不可原谅的常识性错误。但最大的问题还是国家早已站立起来了,却一直不能形成中国视角的西方研究,中国视角的希腊、罗马研究。

目前西方古典学每年都有大量成果问世,而且有日益细化的趋势。比如说,某一时期某一地区的妇女服饰;比如说,西元前 4 世纪中叶以降的希腊雇佣兵;再比如说,练身馆、情公-情伴(lover-the loved)结对关系对教育的影响。相比之下,我国学界对希腊罗马文明细节的认知仍处在令人遗憾的初级阶段。基于以上考虑,我们拟推出"古典学译丛",系统引入西方古典学成果,尤其是近二三十年来较有影响的成果。本译丛将包括以下方面的内容:希腊文明的东方渊源;希腊、罗马政治、经济、法律、宗教、哲学(近几十年来我国学界对希腊、罗马哲学的译介可谓不遗余力,成果丰硕,所以宜选择专题性更强的新近研究成果)、习俗、体育、教育、雄辩术、城市、艺术、建筑、战争,以及妇女、儿童、医学和"蛮族"等。

只有系统地引入西方古典学成果,尤其是新近出版的有较大影响的成果,才有可能带着问题意识去消化这些成果。只有在带着问题意识消化西方研究成果的过程中,才有可能开启一种真正中国视角的西方古代研究。

"古典学译丛"编者、译者
2010 年 3 月

目　录

译者前言

刘英凯

德尔图良的拉丁文名字是 Quintus Septimius Florens Tertullianus，他的英语化（Anglicized name）名字为 Tertulian，"德尔图良"就是根据 Tertulian 音译而来。但是也有"特士良"、"特图里安"和"特尔图良"另外 3 个译名，为中文宗教学者们所使用。

德尔图良是拉丁语基督教文献中最早的多产基督教作家，是早期著名的基督教护教士和反对异端的辩论家。德尔图良被西方学界称为"拉丁基督教之父"、"西方神学的创建者"、"拉丁语修辞学大师"、"拉丁语教会词汇学的建立者"和"西方第一个神学家"……

一、德尔图良的生平、历史形象、学术成就和重大影响

1.1 德尔图良生平的辩证

长期以来，根据优西比乌（Eusebius of Caesarea）所著的《教会史》（*Church History*，有瞿旭彤的译本，北京：三联书店，2009）和杰罗姆（Jerome）的《论名人》（*De viris illustribus*）的描述，中外学者都认为德尔图良生于北非的迦太基（刘按，今日的突尼斯境内，是当时罗马帝国时代的非洲省的首府。对于这一出生地，中外学者至今都没有异议），是驻非洲的罗马军队内一位百夫长的儿子，后来在罗马学业有成，当上了律师，

在公元 197 或 198 年,皈依基督教之后在迦太基的教堂当上了长老(presbyter,基督教早期的教徒领导者。最早说他"当了长老直到中年"的人就是杰罗姆)。公元 207 年在罗马主教拒绝了孟他努运动(Motanist movement)所提出的"新预言"(New Prophesy)之后,德尔图良就脱离了教会,加入了孟他努派,成了该派的地区领导和孟他努主义热情而又杰出的鼓吹者。之后他又不满足于做一个孟他努主义者,建立了自己的德尔图良派(Tertulianists)。按照杰罗姆的观点,德尔图良很长寿,活到了衰朽的老耄年龄(decrepit old age)才离开人世。

可是 1971 年巴恩斯(T. D. Barnes)发表了著名的《德尔图良:历史与文献的研究》[1],清华大学王晓朝说"巴恩斯的考证几乎全部否定了杰罗姆和优西比乌提供的材料"。然而巴恩斯如何"否定了杰罗姆和优西比乌提供的材料",王晓朝却并未述及,而对于德尔图良的生平,他仍然沿用优西比乌和杰罗姆的观点,认为德尔图良的父亲"乃罗马军队里的一名百夫长……德尔图良早年赴罗马学习法律,然后在那里当律师"。[2]"中译本导言"Ⅳ-Ⅴ

巴恩斯在上述名著第 1 至第 5 章中指出,优西比乌对于罗马帝国的西部——非洲——的基督教发展兴趣极小,对拉丁语基督教文献的了解极其有限。而杰罗姆对德尔图良的认识又仅靠优西比乌,所以他们对德尔图良的描述与历史事实出入较大。德尔图良的父亲是百夫长的观点没有可靠的证据,甚至在罗马时代是不是有这样的职位都是需要存疑的。德尔图良生在一个十分富裕的家庭,原因是,当时的迦太基是仅次于罗马的第二大城市,是教育和文化中心,而德尔图良却在迦太基和罗马两地接受教育;在当时的迦太基,只有 10% 的人口能够读书识字;另一方面,当时只有 0.35% 的市民是基督徒,而基督徒大部分没有受过教育(当然并不能说,这样的基督徒就是没有智慧和无知的——对这一点,本书中的《驳帕克西亚》第 3 章开篇伊始就明确地指出了)。巴恩斯认为,德尔图良接受了语法、修辞、文学、哲学和法律方面很好的教育。他的古典文学知识超过了同代的大部分人。本书《反异端的法规》第 39 章谈到德尔图良可以辨识出一位名叫孟塔的作家和德氏自己的一位近亲所分别"创作"的悲剧和诗歌都是从维吉尔的著作中剽窃的两个事实足以证明德尔图良对罗马古典文学的精通。另外他的希腊语和拉丁语的造诣都达到了运用自如的程度。他留存下来的巨量作品是用拉丁文写作的,而学界公认,他用希腊语至少写出三本书,只是未能留存下来而已。这些事实都足以说明,培育他的家庭属于富裕丰饶而又极具眼光的家庭之列。

说德尔图良"当上了律师"是把德氏与同名律师混同的结果。在基督教的历史中同名的现象太多。笔者自己也注意到,圣经时代有 21 位叫"耶稣"的人,而我们现在都知道的耶稣,在圣经时代,只能叫做 Jesus of Nazareth(拿撒勒的耶稣)方可同其他耶稣区别开来。刚才提到的"优西比乌",当时的人们为了把他同其他六位著名人物区别开来,称之为 Eusebius of Caesarea(恺撒利亚的优西比乌)。其他同名的例子还有很多。事实上我们探讨的德尔图良比起同名的律师德尔图良还要年轻几岁。巴恩斯认为,德尔图良虽然在自己的著作中使用过不少罗马法的知识,但是他的法学素养从来没有比罗马时代接受过足够教育的常人水平高出多少。

自从杰罗姆说德尔图良在迦太基的教堂当上了"长老",西方学者有人说他当过 priest(祭司),还有人说他当过 bishop(主教)。而巴恩斯的观点是,德尔图良虽然曾笃信基督教,但是从没有成为"神职人员中的一员"(member of clergy)。在德尔图良的所有现存的著作中,他从来没有说过自己得到过教会的任命,他倒是把自己列入有别于僧侣和教士的俗人之列。

德尔图良参加过孟他努派,中外学者有不少人认为这是他走过的人生歧途,这是他的一段人生"悲剧",就连给了他高度评价的冈察雷斯也说:"尽管他的许多神学著作带有孟他努信仰的烙印,这完全无损于他的……功绩"[3]p.171,言外之意,德尔图良的孟他努信仰是一种带有负面色彩的经历。然而巴恩斯却认为,孟他努主义"在公元 3 世纪的早期,是迦

3

太基的天主教会可以接受的派别"。

德尔图良结过婚,妻子也是基督徒。德尔图良没有兴趣要孩子。妻子何时死去没有记载。德尔图良自己忏悔时承认,早年有过通奸的行为。

德尔图良也没有活到老耄之年,而是仍在盛年(still in the prime of his life)就结束了他短促而精彩的写作生涯,原因极有可能是"死于殉教"(cut short by martyrdom)。

1.2 德尔图良的历史形象

德尔图良是基督教世界的伟大人物,但是他不是完人。立体地揭示德尔图良的历史形象对于当代人全面地了解德尔图良意义重大,而且对于人们了解公元 200—300 年那一时代基督徒的宗教生活,特别是精神生活和道德生活,有举一反三的作用。

虽然德尔图良在早年也有过持修不严谨的生活经历,但是他勇于忏悔,而且一旦觉今是而昨非,就幡然改变,弃旧图新,走了一条理论和和实践两方面的道德严谨主义之路。

德尔图良在道德层面对后世的影响主要表现在他的著作上:如《论补赎》(On Penance)、《论忍耐》(Of Patience)、《致其夫人》(To His Wife)、《论一夫一妻》(Of Misogamy)、《论处女戴面纱》(Of Veiling Virgins)、《论禁食以及反对物质主义者》(Of Fasting, against the Materialists)、《论谦逊》(Of Modesty)、《贞洁劝勉》(Of Exhortation to Chastity)以及《论戏剧》(The Shows)等等。这些作品是表现德尔图良道德主义严谨精神以及后世人了解基督教风俗史的宝贵历史资料。

德尔图良是早期教会苦行主义(Asceticism)的代表人物。他认为戏院和圆形剧场内的戏剧、格斗和竞技等娱乐活动带有偶像崇拜成分,色情和凶杀的内容随处可见,基督徒理当避而远之。妇女不该佩戴金、银、玉石等饰物。处女必须戴面纱。他主张男人应当像埃及祭司,女人应当像修女那样坚持独身,他对自己的结婚经历也曾有过自我批判;在他看来,妇女的再婚是与通奸一样地不可饶恕。他的禁欲主义甚至走到了这样的极致——他如此评论性高潮："在快感最后的爆发波之中，我们难道不是感到我们的灵魂本身已经离我们而去了吗？"

学者们用这样的判语评论德尔图良：像一块燃烧的木头；一个虔诚的清教徒似的信徒；道德上的严苛主义者；激情四射的、真诚的、嫉恶如仇以至于很难相处的、不妥协的，甚至是对人对己均可谓严酷的极端主义者；他不会不偏不倚，不会两头兼顾，没有温吞水似的超脱、淡漠，没有丝毫的灰色地带；有的只是正义感、严格的自律、高昂的情绪、刚烈和自信……

德尔图良作为久负盛名的神学作家，其写作风格也是每一位论及他的学者无不津津乐道的题目。德尔图良是"天生的辩论家"，他笔力精悍凌厉，雄浑遒劲，酣畅磅礴，有悬河泻水、锐不可当之势；他时常使用反语、双关语和归谬法，极尽冷嘲热讽、尖利辛辣之能事；他大量使用方言土语和古旧词汇，因而使得他的文风庄谐并存；他还大量地运用后世的文学和美学学者们才归纳出来的"形象思维"，奇思妙想，不落窠臼，显现出他的卓荦才华，尤其是到处挥洒自如的比喻显示出他闪光的修辞天赋和素养。这些特点在本书的 3 部作品中就有着不可胜数的十分生动的体现。

但是多名学者们也指出，德尔图良时常展现他情绪激昂的愤怒，在犀利、锋芒逼人的同时难免流于不够剀切客观以至有偏激输理之处。

德尔图良有段名言"雅典和耶路撒冷有什么相干？学院和教堂有什么一致之处？异教徒和基督徒之间有什么相同之处（见本书中的《反异端的法规》第 7 章）……"德尔图良在这句名言中使用"借代"（metonymy）修辞格，用"雅典"借代古典哲学，用"耶路撒冷"借代基督教。这句名言突出地反映出德尔图良对哲学的排斥态度。但是，正如冈察雷斯所说，"尽管德尔图良明白地、反复地表示反对哲学在信仰问题上的渗入，但实际上，也许他不自觉——他自己经常受到斯多葛主义的影响，甚至他对塞内加（Seneca）的评价是很高的，而这一点与他一贯反对异教哲学观点的态度几乎是自相矛盾的。"[3]p.165

1.3 德尔图良的著作

德尔图良著作的总篇数，人言言殊。中国学者涂世华和王晓朝均认为，德尔图良现存的原著有 31 种。[1]"中译本序"ⅱ；中译本导言涂世华按照主题分类，共有三种：护教类、论战类和修持伦理类。维基百科（Wikipedia）的分类是 4 类：辩护类（Apologetic）；论战类（Polemical）；教义类（Dogmatic）和论道德（On Morality）。其实，维基百科的 4 个分类和涂世华的分类虽有参差，但是，其"教义类"和"辩护类"可以合成涂世华的"护教类"，涂世华的分类有更大的概括性；而其"论道德"与涂世华的分类本质上是一类，而涂世华的分类具有更大的包容性。

但是维基百科提到了另一种维度的分类：时间的维度。该百科有一个重要的小节，谈的是德尔图良著作的年代学（Possible Chronology）。该小节论及：19 世纪林肯市的主教约翰·卡耶（John Kaye）提出了德尔图良著作的年代学顺序。卡耶把德尔图良的著作分成 4 类[4]：

"可能在成为孟他努主义者之前"的时期（Probably Pre-Motanist）；

"时期未定"（Indeterminate）；

"可能在成为孟他努主义者之后"（Probably Post-Motanist）的时期；

"肯定在成为孟他努主义者之后"（Definitely Post-Motanist）的时期。

卡耶分类的一个引人注目的事实是：德尔图良已经翻译成英语的著作是 38 种。

维基百科还提到了其他 7 种著作，其作者到底是谁尚没有定论，它们也同如上 38 种德尔图良的著作一起仍然在德氏的名下结集出版。

1.4 德尔图良的重大影响

德尔图良在本书中的《驳帕克西亚》中提出的"三个位格，一个实质"成后世三一神论的基础。学界一致公认的《护教篇》、《驳马西昂》（又译成《驳马吉安》）和《驳帕克西亚》这三大名著以及《灵魂论》、《洗礼论》和《反异端的法规》等等为西方正统神学奠定了无法撼动的基石。他的一些话"殉道者的鲜血是教会的种子"以及上述的"雅典和耶路撒冷有什么相干？……"成为西方文化共同遗产的一部分,成为一千多年来基督徒们耳熟能详的名句。

下面提到的神学学者都是在美国学者冈察雷斯所著的《基督教思想史》上占有一席地位的基督教名人,他们都从德尔图良的著作中汲取了营养。

冈察雷斯在其如上著作中的第 7—15 章里指出,亚历山大派神学的代表人物之一"亚历山大的克莱门特"(Clement of Alexandria)的"道成肉身"学说得益于德尔图良;他对德尔图良的三位一体观点给予肯定,"在他的著作中常常看到三位一体信式"。克莱门特的学生奥利金(Orign,另译俄列根)青出于蓝而胜于蓝,成为"早期亚历山大学派的最伟大的神学家"。奥利金"不仅知晓并且经常使用'三位一体'术语,而且对三一论教义的发展有所贡献",以后的"东方神学将从亚历山大派的神学那里汲取某些因素"。"罗马教会涌现出其最初的两位大神学家"之一是西坡律图(Hippolytus),他的神学"有两点对于我们来说具有特别意义:道德严峻主义及三位一体教义"。这两点都与德尔图良神学因子有着极为紧密的联系。因为护教而名声卓著最终为主殉道的拉丁教会教父,迦太基主教居普良(Cyprian,另译为西普里安)声称自己无日不读德尔图良的作品,并且称德氏为自己的"师傅"。"他的神学明显受到他称为'师傅'的德尔图良的影响。"

"4 世纪为基督教教会历史上新纪元的开始。"公元 325 年有 300 多名主教参加的尼西亚会议是基督教历史上的重大事件。皇帝君士坦丁建议"可以收用'同质'(homoousios)一词,以说明子的神性","'同质'一词……是西方自德尔图良时代起一直使用的传统教义'本体同一'的近似译名"。公元 362 年亚历山大会议上,在讨论 hypostasis(实体,用以说名某一事物的个性),ousia(本质,用以说明某一事物共有的本质)和 substantia(本质,德尔图良用语)的关系时,"西方人习惯于用德尔图良的方法解释这个问题……"。这一事实充分说明德尔图良持续不断的影响力。在公元 5 世纪初期,被一致认为是"西方教父中最重要的和多产的神学作家",最终获得"西方教会大师"声望的奥古斯丁(Augustine)所著的"15 册《论三位一体》确定了西方三一论神学将要遵循的道路",而西方学界认为德尔图良是奥古斯丁的先行者(predecessor)。

以后的 1500 年里,基督教理论相对稳定,德尔图良对基督教的影响经过将近两千年的沉淀,已经世所公认,定于一尊。可是自从巴恩斯著作出版以来,西方人又掀起了一波长久的"德尔图良热"(Tertulian-fever),文章、书籍纷至沓来,不绝如缕。有人甚至说,"德尔图良的伟大比起奥古斯丁也有过之"。

二、关于这本书的三部作品

选入本书的德尔图良的作品分别是:

De Praescriptione Haereticorum(*Prescription against Heretics*)——《反异端的法规》;

Adversus Praxean(*Against Praxseas*)——《驳帕克西亚》;

Adversus Judaeos(*Reply to the Jews*)——《给犹太人的回答》。

按照上述卡耶的分类,《反异端的法规》和《给犹太人的回答》属于"可能在成为孟他努主义者之前"时期的作品;

而《驳帕克西亚》则写于"肯定在成为孟他努主义者之后"的时期。

《反异端的法规》是属于反异端的论战主题。上述冈察雷斯的《基督教思想史》对于《反异端的法规》明显情有独钟,给予这部作品极高的评价。冈察雷斯认为"在他的这些著作中,最能代表他思想的是《反异端的法规》,以后我们就简称为《法规》",因此他用不少于 1000 单词的篇幅对这部作品进行评论。

《法规》的前 7 章是一般地谈论异端,向人们指出不必为了异端的出现感到惊讶,因为新约圣经已经预言异端的到来,信徒们看到圣经预言的应验会有加强自己信心的作用。异端不是来自信仰而是来自哲学,他们是用古代哲学家们的谬误替换了信仰的准则。前面两次提到的名言"雅典和耶路撒冷有什么相干？……"就是在这样的评论后提出来的。《法规》的随后7章讨论真理的性质。基督教真理……是耶稣基督完整地一次性地赐给教堂的，信徒的责任是只要接受就行了。《法规》论据的核心是第15章。德尔图良在这一章里指出圣经的所属权问题。以后的各章里的论述是，异端对圣经经文无权使用，圣经是属于教会的。只有教堂才能使用它。圣经以及真正的教义——最早是基督宣布了信仰。使徒散播信仰；他们把教堂当成自己的受托者建立起来。所以，信仰是有使徒传统的，是通过使徒教堂从使徒那里传播下来的。信仰法则正是使徒们传给他们的继承人，而这些继承人又传给他们的合法继承人。教会能证明自己享有自己这一遗产的权利。第32章和第36章均强调了散布在各地的基督教著名教堂都是使徒建立的，而且能够证明当时的主教和众使徒之间有连续的统续，这些教堂都传授同样的教义。即使不是使徒设立的教堂，由于它们的教义与使徒教堂相同，也就是使徒教堂了。这就是基督教思想发展历史上的著名的、留下深刻印记的"使徒统绪"学说。德尔图良继续论述说，教堂有权把圣经当作它们不可分割的遗产。持异端者做不到这一点，他们传播的是歪曲了的教义，因此他们无权拿圣经做依据。唯独一直使用使徒教义的教堂才有使用并解释圣经的权利。德尔图良的论证以压倒的气势证明，如果异端无权使用圣经，那么他们想通过与正统信仰派的讨论，引导正统派背离真正的信仰，是毫无可能性的：法规有绝对的权威，它把异端排除在讨论之外。唯有使徒的教堂才有权决定什么是基督教教义，什么不是。德尔图良实际上是为了使徒教堂的权威及其独有的解释圣经的特权而辩护的。他的辩护字挟风雷，气势恢宏，充满逻辑的力量。在直到第43章的最后几章里，德尔图良又对持异端者的各种乖张行为作了体无完肤的揭露。这种从内到外、沦肌浃髓的批判强有力地打击了异端。但是德尔图良深刻地认识到对异端的打击不可能毕其功于一役，所以他在最后一章，也就是第44章结尾处公开申明，"我们应该在不同的论文中针对这些异端中的某一些给予回应"。

随后,"肯定在成为孟他努主义者之后"的时期,德尔图良对"这些异端中的一位"——帕克西亚"给予回应",写出了更加著名的《驳帕克西亚》,这部作品也属于反异端的论战主题。这是冈察雷斯的《基督教思想史》一书大篇幅给予充分肯定的唯一的另一部作品。冈察雷斯说,"《驳帕克西亚》一文的重要意义在于其中的专用字句和名词,成了几世纪之后公认的神学术语的先导,关于三位一体和基督论的术语就是这样的"[3]p.169。

德尔图良在这部篇幅为 31 章的作品的第 1 章里开宗明义介绍说,帕克西亚是第一个从亚洲把异教引进罗马的人。在叙述了帕克西亚的一件历史性的恶行之后,德尔图良用比喻指出,"虽然许多人还沉睡在对教义的无知之中,而帕克西亚的稗子已经更广泛地播撒了,甚至也在这里结了果实……帕克西亚的稗子已经把种子散播得无处不在,这些种子藏匿了一段时间,在伪装之下掩蔽着它们的活力,现如今,都已经迸发出鲜活的生命。"这就成功地向读者揭示了帕克西亚的极大破坏作用和潜在危险。在第 2 章里,西方神学中的最初的最重要概念"三位一体"(trinity)、"统一性"(unity)、"安排"(economy)"位格"(person)、本质(substance,或译成"实质")全部"崭露头角"。德尔图良强调圣父、圣子和圣灵是一体的,共有一个单一的不可分的本质,但是却丝毫无损于他们是不同的三个位格这一事实:"这里的三位,不是指其身份,而是指其等级;不是在本质上,而是在形式上;不是在其权能上,而是在其表现上;但是,就其同一实质、同一身份、同一权能,那就是一位上帝,就其等级、形式和表现而言,就有圣父、圣子以及圣灵的名义。"这是西方基督教三位一体的经典性论述。不少学者说这种等级说法有"圣子次位主义"(surbordinationism)的色彩,但是正如冈察雷斯所言"不损害他对三位一体论的天才论述,而成了数世纪以来西方教会基本信条的先声。"[3]p.172德尔图良在第 8 章运用他杰出的比喻天赋,用树根和大树、源泉和江河、太阳和光线的关系形象生动地论述到,"我们声明圣子是圣父的延伸,没有与圣父分离。圣灵也声明说,上帝发出道,道接受了圣子之名作为自己特别的称号……道也从未与上帝相隔。"在第 12 章德尔图良引用圣经语录用以证明神性中位格的复数特点。第 13 章强调:有关位格的复数性以及本质的统一性在圣经中各个章节中都可以得到证实。圣经里没有多神论,因为坚持统一性就是抵制多神论的好方法。第 14 章又表达了德尔图良的重要思想:圣父与圣子之间的区别是圣父是目不可见的,圣子是可见的。第 17 章认定,"全能的上帝"、"至高无上的"、"万军之神"、"以色列之王",以及"绝无仅有的一个"等称呼圣父的"头衔"也同样"适用于圣子,而不是像帕克西亚所说,只适用于圣父"。第 19 章强调"圣子与圣父协同创造万物。二位协同的这一合作并不与上帝的统一性有什么抵牾"。用以批判帕克西亚的身份理论。在以后的各章里,德尔图良使用圣经特别是新约圣经中的各个福音书的章节,无可辩驳地批判了帕克西亚异端的荒谬无稽和虚妄以及正统观点的有根有据和毋庸置疑的性质。第 29 章批判帕克西亚所宣扬的"受苦受罪受难的是圣父"这一观点的荒谬性;第 30 章的论述重点是,被钉十字架、复活,升天、坐到圣父右手边的是圣子。德尔图良用最后一章——第 31 章为自己的这一名篇做了极具概括性的总结:帕克西亚异端学说"包含着与犹太教信仰的相似性,这就是犹太教的本质——相信一个上帝而拒绝承认在他身边的圣子,以及圣子后面的圣灵。";而"神圣的三位一体的教义构成了犹太教和基督教的巨大区别"。

本书的第三部是《给犹太人的回答》,它包含 14 章的内容。第 1 章使用圣经中《创世记》、《希伯来书》和《出埃及记》中的字句做出定谳似的预言:基督徒将战胜犹太人。有重要意义的第 2 章到第 6 章探讨了原始的律法(primitive law)、摩西律法、割礼和安息日共计 4 个问题。第 2 章强调上帝的律法,即原始的律法在时间上先于摩西律法 400 年,摩西律法具有暂时的性质。这一章提到亚当、亚伯、以诺、诺亚、麦基洗德和罗德均未曾接受割礼,却从上帝那里得到很好的命运。德尔图良由此向人们传送这样的信息:割礼的规定都已经过时,并非必须遵守。第 3 章讲述了亚伯拉罕的特殊案例：他是实施了割礼的。"然而他在施行割礼前就已经获得了上帝的好感；而且他还没有遵守安息日。"这一章还传达了一个重要的思想："旧律法的习惯做法就是利用刀的报复而报仇，'以眼还眼'，为伤害施行以牙还牙的报复。然而新律法的习惯是指向仁慈，将原来的'大刀'和'长矛'的原始凶残变成和平安宁，在律法中的敌人和对手身上重塑'战争'的原始性残酷实践，使之成为'开垦'和'耕种'土地的和平行动……旧律法和肉体上的割礼即将停止施行……我们对于新律法以及精神上的割礼——即净化的遵守和执行已经闪着光芒形成对和平的自愿遵从。"第 4 章探讨的内容是安息日，指出了"一个永久的安息日和一个暂时的安息日"的区别，"我们识别出暂时的安息日是人类的，而永久的安息日算作神圣的"。德尔图良的结论是：旧律法里面的"安息日"这个规则的力量是暂时的，在现有环境中涉及的内容是有必要的；但是上帝以前给了他们这样的律法，并没有着眼于对它永久的遵守。"事实上，有学者指出，在德尔图良的时代基督徒早已经不再遵守也不尊重安息日了。第 5 章讨论的是"公绵羊的脂油"之类的世俗物质献祭该遭摈弃，而精神的供奉献祭更为可贵。第 6 章明确指出"先知们预示了新的律法——这个律法不是当年上帝把前辈带离埃及时颁给他们的那个律法——将要一方面显示并证明，旧的律法已经终止，另一方面，许诺了的新律法现在也已经实施"。具体而言，指的是："制定新的圣约，提供新的献祭，遏止古老的仪式，禁止旧的割礼及其自己的安息日，公布新的、不腐败的清廉王国。"

由于犹太人坚持认为，先知们预言的基督还没有到来，更没有殉教，基督是将要到来。第 7 章以后，德尔图良开始予以驳斥。第 7 章申明：基督已经来了，并在世界各处受到尊崇和爱戴。第 8 章到第 11 章探讨了基督的诞生和殉教的时间、先知预言了的基督诞生和基督业绩，基督的殉教以及旧约有关基督殉教的预言和隐约预示。第 12 章指出，圣经的《诗篇》中"你是我的儿子，我今天生你。你求我，我就将列国赐给你为基业，把地极赐给你为田产"的应许里所说的"儿子"不是大卫而是基督；基督在《以赛亚书》42：6—7和61：1中对外邦人的祝福也进一步证明了基督的身份。第13章用圣经经文本身中有关耶路撒冷城的毁灭和犹太地的荒芜的预言和业已出现过的大量事实的长篇幅介绍无可辩驳地指明了，这一预言已经应验："圣城的毁灭与受膏者在圣城中受难是同一个时间。"预言还说，为了基督的缘故犹太人注定要遭受离散颠沛的苦难，而我们发现犹太人确实遭受了，而且看到他们流离转徙并在那种状态中生存。德尔图良在这一章结尾处使用嘲讽性的反问句和口气十分肯定的陈述句指出："如果基督只是将要到来，那么结论就是，犹太人遭受这一切灾难是将要发生的事。可是那样一来，现在居无定所的锡安居民遭到遗弃是在哪儿发生的呢？那些将被毁灭的城市在哪里呢？——而这些城市已经毁灭了而且现在还在瓦砾堆中呢！一个族群的风流云散又在哪儿发生呢？——而现在他们还在流离失所呢！"末尾一章即第14章结论性地指出了犹太人错误的根源是：基督两次来到人间，第一次是在卑微的状态下到来的，犹太人没能了解他。"这样，到了目前的时刻，他们肯定，他们的基督还没有到来，原因是他没有在光宠和荣耀中到来，而他们对于基督第一次在卑微中的到来的事实竟然懵懂背晦，一无所知！"而这时，"基督已经用他的福音照亮了整个世界"。

德尔图良时代的基督教面临着草创时期的极大困难：罗马帝国当局的无端指控和政治迫害引起一般民众的恐惧；来自各方面的各色各样的异教到处在燃起战火，形成了意识形态领域的群雄角逐，干戈四起的局面。这又误导了一般民众，使他们在耸人听闻的流言蜚语中陷于困惑、偏信和误解之中。德尔图良秉持其凛然的大义，不屈不挠的执著追求，以其汹涌的激情和渊博的学识担起了为基督教请命、捍卫基督教教义的大任。包括本书三部著作在内的德尔图良著作为当时和后世留下了一份宝贵的精神财富，将会在基督教思想史和人类思想史上放射永远璀璨的思想光芒。

德尔图良著作三种

本文参考书目

［1］ Barnes，Timothy，David. *Tertulian：A Historical and Literary Study*，Oxford：Clarendon Press，1971

［2］ 德尔图良(Tertulian)著，涂世华译：《护教篇》，上海：上海三联书店，2007

［3］ 冈察雷斯(Gonzales，J. L)著，陈泽民等译：《基督教思想史》，上海：译林出版社，2008

［4］ Kaye，John，1845，*The ecclesiastical history of the second and third centuries.* List here as reproduced in Rev. Alexander Roberts and James Donaldson, editors，1867 - 1872，*Ante-Nicene Christian Library：Translation of the writings of the fathers，down to AD 325*，Vol. 18，p. xii - xiii

（此外，本文也参照了奥斯本的有关章节，见 Osborn，Eric：*Tertulian：First Theologian of the West* ，New York：Cambridge University Press，2003 。该书支持并补充 Barnes 一书的观点。）

反异端的法规

英译者:皇家天文会员、神学博士彼得·霍姆斯(Peter Holms)教士

第1章

导言:异端肯定存在,甚至比比皆是;异端是到达信仰的考察期。

我们当今生活时代的特征就是要记住这样的警告:我们不该对大量存在的异端表示震惊,也无需对其存在表示诧异,因为已有预言说,异端必将出现。[1] 同时,对于异端颠覆了一些人的信仰这一事实也无需感到骇然。因为异端存在的最终理由是,通过给予信仰一种磨练的方式,为信仰提供"得到认可"[2]的机会。因此,很多人对异端盛行到如此程度而愤慨,感到伤了感情,是没有理由的,是无体恤之心的。如果异端此前并不存在,(他们感到伤了感情)会严重到何种程度呢?一种事物无论如何都要存在的这一事实已经确定的时候,就获得了它存在的(最终)理由,如此便确保了该事物存在的动力,让它不存在是不可能的。

第2章

狂热行为和异端的类比。不必对异端感到惊讶:它们的动力来自人类信仰的软弱。它们并不具备真理。拳击手和角斗士这一明喻可以为此做出说明。

举狂热行为这一相似的例子吧,在毁灭人类的所有致命的、折磨人的人生议题中,狂热行为也受到指派,占有一个位置。我们并不对这一行为的存在表示惊讶,原因或者是:它是存在的,它原本就在那里;或者是它销蚀着人类,而这是它存在的意义所在。同样,谈到异端,它们是为削弱并

---

〔1〕《提摩太前书》4:1—3;《马太福音》7:15;24:4—5、11;《彼得后书》2:1 都提到"离弃真道"、"假先知"、"假基督"和"异端"的现象。——译注

〔2〕《哥林多前书》11:19。

灭绝信仰而生。我们既然对异端拥有如此的能量感到恐惧,那么首先应该惧怕其存在的事实,因为,只要异端存在,它们就会拥有——会拥有能量;只要拥有能量,它们就会存在。然而,众所周知,狂热行为,其起因及其所具有的力量均属邪恶,对于这类行为我们与其说是惊诧,毋宁说是厌恶憎恨,并尽我们所能予以提防,而不是竭尽全力地根除灭绝。可是,有些人,本来有躲避之法,却不去规避异端之力,而是宁可对异端表示惊讶,于是给自己带来了永久的死亡,带来邪火更旺的激情,原因是异端拥有这样的能量。然而,如果(人们)对异端拥有这一能量的事实不再诧异,则异端就会丧失其能量。因为,人们或者在惊讶的时候就陷入圈套,或者由于陷入圈套,而重视他们的意外发现,仿佛异端是由于有归属于它们的某些真理才具有如此强大的法力。如果异端不是在那些信仰不坚定的人身上有那么强大的力量,邪恶本身也不会有丝毫自身的影响力,那毫无疑问是一件美妙的事情。一般而言,在一场拳击手之间和角斗士之间的格斗中,一个人赢得胜利并不是由于他长得强壮;输掉比赛并不是由于他长得不强壮,而是被征服的一方没有力量。而就是这个胜利者,如果人们再把他和另外一个真正孔武有力的人放在一起比赛,他就会像公鸡的鸡冠子垂下来一样,从竞争中沮丧地退下来了。异端,正是以完全同样的方式,从作为个体的那些人的软弱上获得这样的力量——每当遇到真正坚如磐石的信仰之时,异端就丧失了力量。

第 3 章

软弱的人轻易地成为异端的牺牲品,异端的力量起源于人类普遍存在的软弱。卓越的人,例如扫罗、大卫和所罗门都曾从信仰中陷落。与之相对比的是耶稣基督的坚贞不移。

的确,性格相对软弱的人,(在信仰方面)就是被异端俘虏的某些人以这样的方式培养起来的,以至于他们最终自行毁灭,这是通常的惯例。(他们会问),曾经是最忠诚,最审慎,在教堂里最受赞许的这个女人或者那个男人,是怎么倒向另一边的呢?问这个问题的人事实上自己并不对此进行回答,其大意是:能够被异端引入歧途的人永远不该让人尊称为审慎、忠诚或者是受赞许的人吧?我认为,这又是一个非同寻常的事儿。一个曾经受赞许的人后来应该堕落吗?扫罗[1]曾经优秀,超拔于众生,后来为妒忌所毁[2]。大卫[3]是"深得上帝之心"[4]的好人,后来犯有谋杀和通奸罪[5]。所罗门[6]得到上帝赐予他的所有善良和智慧,却被女人引向了偶像崇拜[7]。唯独上帝之子保持着善行,坚忍到最后,没有丝毫恶行[8]。但是,如果一位主教,或执事,或寡妇,或处女,或医生,甚至是殉道士没有遵守(信仰的)规定,在这种情况下,异端是否显得占有了真理呢?我们是以人检验宗教信仰,还是以宗教信仰检验人呢?除了基督教徒外,没有人是明智的,没有人是忠诚的,没有人在高尚方面超卓于同类;没有人是真正的基督徒,除非他坚忍到最后[9]。你,作为人,是根据外表来认识所有其他人的。你边看边思考。而你所"看"到的只是目之所及而

---

〔1〕 Saul(公元前? —公元前 1017),以色列在士师时期的第一位君王。他为人有很多优点,事业也有很多成功,后来嫉妒大卫,想方设法谋害大卫,还做了其他一些违反耶和华命令的事情,最后走向失败。事见《撒母耳记上》13:7;10:28。——译注

〔2〕《撒母耳记上》18:8—12。

〔3〕 David,犹大的君王(约公元前 1008—公元前 1001 年在位),后来又成为以色列第二代君王(约公元前 1001—公元前 968 年在位)。他是以色列历史上最伟大的君王,耶稣基督的先祖。他后来因为与拔示巴通奸而设计杀害了乌利亚,占有了拔示巴,成为他一生的污点"。

〔4〕《撒母耳记上》13:14。

〔5〕《撒母耳记下》11。

〔6〕 Solomon(公元前 977—公元前 937),大卫和拔示巴的第二个儿子,以色列的君王,统治 40 年,使以色列国力达到顶峰,他以智慧著称于当时和后世。他著有《箴富》、《所罗门智慧书》、《雅歌》和《传道书》等作品。晚年所罗门允许来自异邦的嫔妃为偶像造庙,把偶像崇拜带进以色列,自己也向偶像屈膝下拜。耶和华因此惩罚以色列,所罗门死后以色列终于分裂。——译注

〔7〕《列王纪上》11:4。

〔8〕《希伯来书》4:15。

〔9〕《马太福音》10:22。

已。可是,(经文说),"耶和华注目观看一切"[1];"一般人看的是人的外表,而耶和华看的是人的内心"[2];"主(观看并)了解谁是他的人"[3];而且,"所有不是我圣父所亲手栽种的,都要连根拔起来"[4]。主耶稣证明,"现在在前面的,将要落在最后了"[5];"他的手里拿着簸箕,要扬清打谷场"[6],就让信仰多变的谷壳飞出去吧,就像在每阵诱惑的强风之后而飞走那么多一样,所有更纯洁的才将属于收贮于耶和华仓库中的谷堆。在信徒遭到冒犯后,他们中有些人难道不是已经背离了主耶稣本身了吗"[7]? 但是,其余的信徒并不因此就认为他们应该转身不再跟随,而是因为他们知道主就是生命之道,他来自上帝[8],因此在上帝慈祥地询问他们是否也愿意离开之后,他们却继续追随上帝直到最后时刻。某些人,如腓吉路[9]、黑摩其尼[10]、腓理徒[11]和许米奈[12]背弃了上帝的使徒圣保罗[13],这相对而言,是一件小事儿;背叛基督的人[14]自己就是使徒之一。虽然我们在耶稣本人以身示范后,遭遇了很多事儿,但是正是这些事儿向我们展示,让我们成为基督徒,看到某些人委弃了基督的众教堂,我

---

〔1〕《耶利米书》32:19。

〔2〕《撒母耳记上》16:7。

〔3〕《提摩太后书》2:19。

〔4〕《马太福音》15:13。

〔5〕《马太福音》20:16。

〔6〕《马太福音》3:12。

〔7〕《约翰福音》6:66。

〔8〕《约翰福音》6:67—68。

〔9〕 Phygellus,圣经人物,在保罗第二次被囚禁于罗马时,他与黑摩其尼一同离弃保罗,事见《提摩太后书》1:15。——译注

〔10〕 Hermogenes,圣经人物。亚细亚的信徒领袖。他与腓吉路一同离弃保罗,事见《提摩太后书》1:15。——译注

〔11〕 Philetus,圣经人物,早期教会中偏离正道的人,他与许米奈宣传说以后将不再有复活的事出现,破坏其他人的信仰。——译注

〔12〕 Hymenaeus,圣经人物,以弗所教会的异端分子,传讲异端教训,因而受到保罗的训斥。事见《提摩太前书》1:20和《提摩太后书》2:17。——译注

〔13〕《提摩太后书》1:15。

〔14〕 这指的是叛徒犹大。——译注

们感到惊讶。圣约翰说,"他们从我们中间离开,这就表明他们是不属于我们的。如果是属于我们的,就一定会与我们同在。[1]

第4章
新约给了我们对异端的警告。许多章节旁征博引。这些章节都暗示了陷入异端的可能性。

但是,让我们宁愿牢记主耶稣以及众使徒文字中的话语吧;因为这些话语既有人在以前告诉过我们,异端将会出现,也提前给了我们警示,要我们避开异端;我们对于异端的存在没有提高警惕。有鉴于此,异端的所作所为我们不应该惊讶,正因为它们的所作所为,我们才必须规避异端。主耶稣教导我们,许多"觅食的狼会披着羊皮来到我们当中"[2]。那么,除了基督教人士的外表之外,羊皮是什么呢?除了潜伏在我们内心、会毁了一大群基督徒的那些欺诈意识和精神外,谁是觅食的狼呢?除了那些蛊惑人心的未来预言家外,谁是假先知呢?除了宣讲假福音[3]的传教士外,谁是假使徒呢?除了对基督发难造反的那些人外,谁又是现在存在并不断增多的敌基督[4]呢?目前,异端通过它们歪曲教义的手法分裂教堂的程度,绝不亚于敌基督在进攻那天,尽其残酷能事对基督徒所进行的迫害。差别在于,迫害所招致的甚至是殉教者的死亡,而异端只是导致了背叛者的出现而已。正因如此,必须有异端存在,方能彰显出受到嘉许的如下两类人的卓荦不群[5]:那些在迫害之下仍能不屈不挠的人;那些没有

〔1〕《约翰一书》2:19。
〔2〕《马太福音》7:15。
〔3〕《加拉太》1:6—9。
〔4〕 antichrists,和合本把这个词翻译成"敌基督",代表与上帝为敌的各种力量。这个词在圣经中可见于《约翰一书》2:18—22;4:3等等。——译注
〔5〕《哥林多前书》11:19。——译注

7

偏离正轨而陷入异端的人。因为使徒并没有认为，那些放弃自己的信条而改信异端的人，应该受到尊敬和嘉许；尽管这些改信异端者把使徒保罗在另外一个章节所说的话"凡事都要察验，善美的要持守"。[1] 从他们自己的立场反向地诠释，这道理与一个人在检验并证明了所有的事情都是错误的之后，不会由于判断失误而坚决地选择一些邪恶的事体依稀仿佛。

第 5 章
同不赞成教会分裂和纷争一样，圣保罗也不赞成异端。圣保罗谈到异端的不可避免性，不是当成一件好事来说的，而是按照上帝的旨意，当作训练和核准基督教信仰时的有益考验而议论的。

此外，在圣保罗对毫无疑问都属于恶行的（教会）纷争和分裂进行掊击的时候，同样，他马上加上了异端。如此一来，他给恶行做了增补，当然他承认异端本身就是一种恶行，甚至确确实实比其他的恶行更加严重，因为他告诉我们说，他关于他们（教会）分裂和纷争的看法是根据他的认识——"异端也一定存在"[2] 得来的。因为，他让我们看到，是由于预见到有更加严重的恶行，他才欣然相信，有的恶行相对轻微。涉及到这类恶行，圣保罗确实远不相信异端是件好事，他的目的是预先警示我们，对甚至打上更糟糕标记的诱惑我们都不应当感到惊讶，因为（他说过），这些诱惑的正面作用是往往"彰显出受到认可的一切"[3]；换言之，彰显出诱惑不能引上邪路的那些人。简而言之，因为整段经文都指向对团结友爱的

---

〔1〕《帖撒罗尼迦前书》5:21。
〔2〕《哥林多前书》11:19。
〔3〕《哥林多前书》11:18—19，经查证此处原文 to make manifest all such as were approved 来自 Corinthians11:19，可是相应的和合本译文差距太大，译成"好叫有经验的人显明出来"，故此自拟译文如上。——译注

维护和对分裂的考察,鉴于各种异端将人从团结友爱之中分割开来的程度绝不亚于(教会)分裂和纷争对人所起的作用,毫无疑问,圣保罗将各种异端归入与(教会)分裂和纷争相同的范畴:应予抨击。依靠这个方式,他使那些陷入各种异端的人成为"不受认同的人";他用责备之词更加特别地规劝人们,要转身离开这类的邪恶,教导人们应当"使所说与所想完全相同"[1],而这恰恰正是各种异端所不允许的。

第 6 章

各种异端是自我谴责的。异端是任性,而信仰是把我们自己的意志完全呈交给神圣的权威。阿佩里斯的异端。

然而,在这点上,我们不再强调,因为,就是同一位使徒保罗,在他的《加拉太书》中把"异端"算作"人类诸种罪孽"[2]中的一种,他还向提多[3]提示过,"一个人如果是持异端者"人们必须"在接到第一次警告后立即与它断绝关系"[4],其根据是"一个这样的人像自我谴责的人一样,是走入歧途,已经犯了罪。"的确,几乎在每一本使徒书中,当保罗嘱咐我们担起避免假教义的职责时,他都尖锐地谴责异端。实际效果是仍有假教义存在,假教义在希腊语中称为异端,是一个从选择的意义上使用的词汇,而选择则是一个人要么将假教义(对他人)讲授出去,要么(自己)接受的两种情况下做出来的抉择。就是出于这个原因,他把持异端者称为自我谴责,因为那人自己选择了他遭到谴责的罪行。然而,我们却不可以随

---

〔1〕《哥林多前书》1∶10。

〔2〕《加拉太书》5∶20。

〔3〕 Titus,圣经人物,使徒保罗的得力助手,保罗对他为人和能力的信任可以从《提多书》1∶4—5、《加拉太书》2∶1 和《哥林多后书》7∶6—7 中知晓。——译注

〔4〕《提多书》3∶9—11。

心所欲地珍爱哪件物品，也不可以在别人出于他自己的偏好所推介的物品中做出选择。在主耶稣的使徒那里，我们拥有我们的权利；因为，尽管他们不是自己选择来推介任何物品，但是他们尽忠职守地向（人类的）各个民族传达他们从基督那里得到的教义。因此，如果，即便是"从天国来的天使，传播的福音跟（他们）以前所传的不同"，那他也将要接受我们的诅咒。[1] 圣灵甚至早已预见会有一个名叫菲旒敏的处女，是她由"欺骗天使"被幻化成"光明的天使"[2]。阿佩里斯[3]就是被"光明天使"的奇迹和幻象所指引，推介他的新异端的。

第7章
异教徒的哲学是异端的根源。对基督信仰的偏离和异教徒哲学的各旧体系之间的联系。

人的"教义"和"鬼魔"[4]的"教义"，是为了满足世上贤才哲士的精神中因渴望倾听而发痒的耳朵制造出来的。主耶稣把这些人的智慧称为"愚拙"[5]，说这是"挑选出了世上愚拙之物"让哲学本身乱作一团。因为哲学是这世上智慧的材料，是对大自然的仓促解释，是上帝的安排。的确，异端是由哲学发起的。永世（AEon）[6]正是从这个源头产生的，我不

---

〔1〕《加拉太书》1：8。

〔2〕 关于"光明的天使"请见《哥林多后书》11：14。菲旒敏——Philumene 是与阿佩里斯有关系的女人。关于阿佩里斯，请见下注。——译注

〔3〕 Apelles，与德尔图良同代的著名持异端者，关于他和菲旒敏的活动详情，请见下面第30 章。——译注

〔4〕 英文原词为 demons，参见《提摩太前书》4：1。——译注

〔5〕《哥林多前书》3：18—19。

〔6〕 "永世"学说请见 p.42 注 6，是瓦伦廷（Valentinus）提出来的。瓦伦廷是公元 2 世纪时意大利籍神学家，是古代诺斯替派的代表人物之一。——译注

知道无限的形式是什么,我也不知道在柏拉图流派里,瓦伦廷派体系中的人类三位一体是怎么样的。从同一个根源,还产生了马西昂[1]派更优秀的"上帝",拥有他全部的安宁平静,源自于斯多葛哲学[2]。然后,还有享乐派[3]持有灵魂会死的主张;而否认肉身复活来自于所有哲学家的整体流派。接着,当议题与上帝同级,你能找到芝诺[4]学说;任何教义触及火神,就有赫拉克利特[5]的出现。持异端者和哲学家一遍又一遍地讨论同样的主题;引起了同样的争论。最近瓦伦廷派提出了上帝从何而来这个问题,瓦伦廷派自己给出了答案:来自运转中的思想和流产(enthymesis and ectroma)[6]。除了这个问题之外,问题还包括:邪恶从何而来? 为什么会允许邪恶的存在? 人类的起源是什么? 人类是以什么方式来的? 这个不快乐的亚里士多德! 他为这些人发明了辩证法,是一个建立起来然后再摧毁的本领,一个在其自身命题之中就含糊闪避的本领,其推测太牵强附会,其论点太毛糙,滋生的争辩太多——甚至使它本身尴尬难堪,把说的一切再收回来,实际上解决不了什么问题! 那些"荒谬无凭的话语和无穷的家谱"[7]、"虚妄无益的问题"[8]以及"像坏疽般蔓延的言语"[9]是从哪里涌现出来的呢? 当使徒保罗阻止我们的时候,他明确地指出哲学是我们应该警惕防守的。在他写《歌罗西书》的时候,他说,"确保没有人

---

〔1〕 Marcion,公元 2 世纪基督教异端派别马西昂派的创始人。——译注

〔2〕 Stoics,斯多葛哲学,公元前 4 世纪古希腊哲学家芝诺创立于雅典。在圣经中被译成"斯多亚",见《使徒行传》17:18。——译注

〔3〕 Episcureans,在圣经中被译成"彼古罗",见《使徒行传》17:18。——译注

〔4〕 Zeno,见本页注[2]。——译注

〔5〕 Heraclitus,(公元前 540—公元前 470),古希腊唯物主义哲学家,辩证法奠基人之一,认为"火"是万物的本源,一切都在流动变化之中,"人不能两次走进同一河流"就是他首先提出的。——译注

〔6〕 "运转中的思想"强调精神层面的因素;"流产"强调身体层面因素的失败,从另一层面强调精神层面。瓦伦廷以此否定耶稣是人子的肉身事实。——译注

〔7〕 《提摩太前书》1:4。

〔8〕 《提多书》3:9。

〔9〕 《提摩太后书》2:17。

用哲学和空洞的欺骗来诱惑你们,那只是人的传统,与圣灵的智慧恰恰对立相反。"[1]保罗曾经到过雅典,并在(与哲学家们的)会谈中与那个聪慧的人结识了,那人假装了解真理,然而,哲学只是糟蹋真理,由于多样化的相互矛盾的派别,哲学自己又分成多种形式的异端学说。真的,雅典和耶路撒冷有什么相干?学院和教堂之间有什么一致之处?异教徒和基督徒之间有什么相同之处?我们的教诲来自"所罗门的门廊"[2],所罗门自己认识到"主应该在朴素的心灵中寻找"[3]。让制造色彩斑驳的基督教,例如杂有斯多葛派、柏拉图派以及辩证法成分的基督教的所有企图都离得远远的吧!我们在拥有基督耶稣后不需要离奇古怪的辩论,在我们享受福音后不需要异端裁判!由于我们有信仰,我们不渴望别的信条。因为这就是我们最优秀的信仰,除此之外,我们不需要有别的信仰。

第8章

基督的圣言,你们寻找,就能找到。对不会从信仰偏离到异端的保证是没有的。基督对犹太人说的所有的话都是为我们说的,他的话并不是具体的命令,而是我们应当使用的准则。

(在我们的众兄弟以及持异端者们的共同敦促下)现在,我来到这关键的时刻。我们的众兄弟引"寻找"为证,开始好奇地探究调查起来,而持异端者们则坚持"寻找",为的是(对他们的无信仰)表明审慎的态度。他们说,话是这样写的,"你们寻找,就能找到。"[4]让我们回忆一下,主耶稣是在什么

---

〔1〕《歌罗西书》2:8。

〔2〕 Porch of Solomon,在国际圣经协会版中已经变成 Solomon's Colonnade。《使徒行传》3:1—5 的和合本译作"所罗门的廊"。——译注

〔3〕 这是所罗门智慧的证明。——译注

〔4〕《马太福音》7:7。

时候说这番话的。我想是在他讲授的一开始,那时所有人对于他是不是基督还存有疑惑,甚至彼得还没有宣布他就是上帝的儿子,在(施洗者)约翰已经对他不再有信心的时候。有这样充分的理由,这时候,这番话因此说了出来,"你们寻找,就能找到。"这是他还没有出名,对他还需要调查的时候啊。而且,这是涉及犹太人的。这种有指摘性质的话的整个事态是由于看到了犹太人有到哪里去寻找基督的启示,才因而指向犹太人的。

基督说,"他们拥有摩西和以利亚"[1],——换句话说,就是他们拥有基督宣讲出去的律法和众位先知。耶稣还在另外一处直率地说,"研读圣经经文吧,你们可以有指望从中(找到)救赎;因为经文都是为我做证明的。[2] 这就是"你们寻找,就能找到"的意思。下面的话很明显,也适用于犹太人:"你们叩门,门就会为你打开。"[3]犹太人从前是和上帝有契约的,但是后来由于他们的罪孽而遭到上帝抛弃,没有了上帝。正相反,外邦人从来没有与上帝有丝毫契约,他们仅仅就像"水桶里的一滴水"[4],又"像禾场上的灰尘"[5],一直都在门外。那么,一个人从来都在外面,没有进去过地方他怎么会敲门呢?如果他从来就什么门都没有进过,不管是获准进入还是不准进入,那么他又知道是什么门呢?难道不是说,他应该知道自己曾经在某扇门里面,被驱逐了出去,然后才(有可能)找到这扇门来叩吗?同样,"凡是祈求的就得到"[6],适合说给一个他知道自己应该去求的灵体,并且这位灵体也曾经许过诺言;那就是指"亚伯拉罕[7]的

---

〔1〕《路加福音》9:30。这里对摩西和以利亚只是一带而过,我们只音译两者的名字,详情请见本 p.88 注 1。——译注

〔2〕《约翰福音》5:39。

〔3〕《马太福音》7:7。

〔4〕《以赛亚书》40:15。

〔5〕《以赛亚书》40:15,在以后的版本中改成"天平上的微尘"。——译注

〔6〕《马太福音》7:7。

〔7〕 Abraham,被奉为犹太人和外邦人因信称义的代表(《罗马书》4:1—25;《加拉太书》3:5—14)、"上帝的朋友"以及信心与行为结合的伟大榜样(《雅歌》2:23;《希伯来书》11:8—12)。——译注

上帝、以撒[1]的上帝和雅各[2]的上帝。"然而,外邦人对基督、对基督的诸诺言一无所知。所以,当耶稣说"我奉差遣不过是到以色列家迷途的羊那里去而已。"[3]的时候,他是对以色列人说这话的。这时候,他还没有"把儿女的饼丢给狗吃"[4];还没有"进入外邦人的路"[5]。耶稣是在最后才指示他们"到各地去,使万民都成为我的门徒,又要给他们施洗礼"[6],这时候他们很快就会拥有"圣灵,即保惠师,而圣灵会带领他们找到所有真理。"[7]这也指向了同样的结论。

如果被任命为外邦人教师的那些使徒也需要有保惠师当他们自己的老师,那么如果没有圣灵对使徒们自己的教诲,没有使徒们对我们的教诲,没有调查,对我们以及对将要到来的人说"你们寻找,就能找到"就更是毫无必要的了。确实,主耶稣的话是对所有人说的,是借用犹太人的耳朵传播给我们。但是大部分话仍然是对犹太人讲的,所以对于我们自己来说适合的与其说是教诲,毋宁说是一个予以应用的范例。

第9章
我们得到指令,在确定真理后进行研究。我们已经认识到这点时,应该感到满意。

现在,我有意地放弃论证的这一辩论根据。让我们假设,那句话"你

---

〔1〕 Issac,上帝应许而后赐给亚伯拉罕的儿子,是以扫和雅各的父亲。上帝为了考验亚伯拉罕,曾要求亚伯拉罕献出以撒。圣经在30处都把亚伯拉罕、以撒和雅各当成以色列的先祖反复提及。——译注
〔2〕 Jacob,以撒的儿子,以扫的孪生弟弟。雅各的后裔在埃及逐渐强大,成为以色列民族。参见 p.13 注释 7。——译注
〔3〕《马太福音》15:24。
〔4〕《马太福音》15:26。
〔5〕《马太福音》10:5。
〔6〕《马太福音》28:19。
〔7〕《约翰福音》16:13。

们寻找,就能找到"是(平等地)说给所有人的。然而,即使这样,在这里人们的目标还是小心地确定那句话的含义一直符合这一原因,这其实是整个诠释的指导性原理。(现在)圣言没有哪句是不连贯或者含糊其辞的。这些言语只需要去坚持,而词语的关系则保留着未定状态。但是,从一开始,我就放下了如下的这个立场:有某一样确定的东西是基督传授的,外邦人必然一定会相信,而且为了这一目的去"寻找",为的是"找到"之时,能够相信。然而,对于那你必须"寻找"直到"找到",并且寻到以后继而相信的这一事物,即一直在传授着的仅有的一种确定的事物,是不存在无限寻找的。除了继续相信你所信仰的之外,你不需要做别的事情,条件是:基督嘱咐我们除了他的教诲之外,不要再去寻找其他的什么,而你找到并相信主教导我们的事物后,除了相信它以外,不该相信别的什么,于是,也就不需要再去寻找别的什么了。的确,当随便哪个人对此表示怀疑之际,基督教导我们的、已经为我们所掌握的证据就会出现。同时,对于我们的证据,我有这样的自信,那就是我预感到,以对于某些人劝告的形式,告诫他们除了他们相信的之外,不再要去"寻找"—这就是他们应该已经找到的一切了;还预感到了如何无需涉及推理的原则就可以回避对"你们寻找,就能找到"的解释。

第 10 章

人在相信之际,已经找到了明确无误的真理。异端的巧言者经常提出许多话题让人做空洞无益的讨论。但是,我们不需要一直寻找。

我之所以这样说,原因包含了三点:事物的内容,事物的发生时间,事物的极限。事物的内容就是你必须考虑你要寻找什么;事物的时间,是你什么时候应该寻找;事物的极限,是寻找多长时间。你要"寻找"的,就是基督教给你的内容,然后,当然,由于你没有找到,你必须继续寻找,需要花费的时间是一直到你真正找到为止。然而,在你相信的时候,你就是找到了。因为如果没有找到,你就不可能相信;恰如假若没有抱着能够找到的目的,就不会一直寻找一样。因此,你寻找的目标是寻到,而寻到的目标是相信!通过相信,你已经避免了寻找和找到过程中所有进一步的耽搁。正是你寻找的果实为你设定了这个极限。这个界限是基督亲自为你设置的,他不希望你会去相信他教导以外的内容,或者,因此甚至就去寻找。但是,如果由于这个人或那个人教了我们许多东西,我们因此就肯定都要去继续寻找,只要我们能够找到什么,我们就肯定(照着这种情况)一直去寻找,根本就什么都不会相信了。因为,寻找的尽头在哪里呢?相信又停靠在哪里呢?寻找的圆满处在哪里呢?(它应该是)马西昂[1]吗?但是,甚至瓦伦廷都(向我们)提议这样的格言,"你们寻找,就能找到",那么(就应该是)瓦伦廷[2]吗?然而,阿佩里斯也会用同样的引文对我进行猛烈攻击;然后赫便尼[3]和西门[4]也是这样;所有人轮流攻击,却都没有别的什么论点用以吸引住我,以致让我倒向他们。于是,我无处可在,仍然继续遇到(那个挑战),"你们寻找,就能找到",恰恰就好像我根本没有休息之地;(的确)就好像是我从来没有找到基督所教导我们的内容——从来没有找到应该寻找的和必须相信的东西。

---

〔1〕 参见 p.11 注 1。

〔2〕 参见 p.10 注 6。

〔3〕 Hebion,更为正式的名字当为 Ebion(伊便尼),是伊便尼派的创始人。伊便尼派是公元 2 世纪在约旦河东岸兴起的犹太激进基督徒教派。——译注

〔4〕 Simon,即 Simon Magus. 被称为"行邪术的西门"。在公元 2 世纪被视为诺斯替主义的重要成员。其行事请见《使徒行传》8:5—24。——译注

第 11 章

我们相信了之后，寻找就应当停下；否则，必然是不达到对我们信仰的否认就永不终止。这一寻找对我们的信仰提不出别的目标。

如果没有懈怠，就会免于出错；虽然，出错本身的确就是一种懈怠行为。我重申，如果一个人（蓄意地）什么都不舍弃，他会安然无恙地闲逛吗？但是，当我相信我决意相信的东西，然后，我又想去寻找新的东西，那么我当然是期待能找到别的了，尽管我根本就不应该怀有这样的期盼，除非是因为我要么没有相信过，——但是很显然我是一个信仰者；要么我终止了我的信仰。如果我以这种方式放弃我的信仰，那么我会因此被人看成是信仰的否认者。我于是可以一劳永逸地说，一个人，除非他要么从来都一无所有，要么他丢失了（他找到了的物件），否则他不会寻找。（在福音书里），那个老妇人丢了她十个银币中的一个，于是她寻找起来[1]；可是，在她找到了的时候，她就停止了找寻。那个邻居没有面包，于是他敲别人的门；一旦那扇门向他打开，他得到了面包，就不再敲门了[2]。那个寡妇因为没有得到允许，就一直要求法官听她陈述；但是她的请求一旦受到聆听，她就从此安静下来[3]。所以说，寻找、敲门和请求都有限度。基督说："因为，凡祈求的，就得着；叩门的，就给他开门；寻找的，就让他找到。"[4]远离那些不断寻找的人，因为他永远都找不到，他找寻的是虚无。远离那些不停敲门的人，因为没有门会为他敞开，他敲在无门（可开）的地方。远离那些不断祈求的人，因为永远没有人能听见他，他在向不聆听的人祈求。

---

〔1〕《路加福音》15:8。

〔2〕《路加福音》11:5—11。

〔3〕《路加福音》18:2—8。

〔4〕《路加福音》11:9。

第 12 章
有关上帝的知识绝对不是不恰当或过度的，总是在信仰的法则之内的。

对我们而言，我们仍然必须寻找，而且是永远的，但是我们应该在哪里寻找呢？是在与我们自己真信仰的所有一切都隔膜、相反，教规禁止我们靠近的持异端者之中寻找吗？什么样的奴隶会向一个陌生人乞食，更何况是他主人的敌人呢？什么样的士兵会期待着从连同盟都不是的国王那里，甚至我会说是敌方的国王那里获得礼物和报酬呢？除非他确实是个叛离者，逃兵，或者叛徒。即使那个老妇人，她也是在自己的房子里找寻她的银币。那个不断敲门的人敲的是他邻居的门。就连那个寡妇，她提出诉求的那个法官尽管很严厉，但绝不是充满敌意的。没有人求教于一个倾向于毁灭一切的人。没有人能在四周一片黑暗的情况下从二十五分硬币上获得光亮。所以，让我们的"寻找"在属于我们自己的范围内进行吧，从我们自己的人之中进行吧；要使之成为有关我们自己的寻找，这样，并且只有这样，才能使寻找成为不损害信仰法则的探寻对象。

第 13 章
信条的总结，或是信仰的法则。信徒从来没有就此提出过丝毫的问题。持异端者鼓励独立于基督教诲的想法并使之不断延续。

此时，关于信仰的这一法则——从这一点上我们应该承认我们所维护的是什么——你必须知道，规定了的信仰是，仅有一个上帝，他不是别人，就是世界的造物主，上帝通过自己的道，从虚无混沌中创造了一切，开天辟地，送给世界；人们称这个道为他的儿子，并且，以上帝为名，被亚伯拉罕以降的年高德劭的老者"多次多方"地看到，先知一直都能听到，最终，用圣父的精神和力量送到童女玛利亚那里，在她的子宫中形成肉身，并由她诞生下来，成为耶稣。从那以后，耶稣宣讲天国的新法规和新承诺，创造各种神迹；他被钉死在十字架上以后，第三天再次重生；（然后）他升到天上，坐在圣父的右手边；再代替圣父，把圣灵的大能伟力发送给耶稣让他引领信仰；圣者及邪恶之人这两类，在伴随着肉身的还原都复活之后，给圣者以永生的享受和天国的承诺，给邪恶的人判以永无休止的地狱之火，这两者，都伴随着天国的荣耀一起到来。这个法则，是耶稣教导我们的，是将会得到证实的；在我们自己当中提出的只有异端提出的问题。而正是这些问题使一些人成为持异端者。

第 14 章

好奇心不应在信仰的规则以外逡巡。无休止的好奇是异端的特征。

然而，只要信仰的法则在适当的顺序中存在着，你就可以尽兴地寻找和探讨，让你的好奇心在悬于疑问中或者掩盖在晦暗不清中的所有事物上得到自由的发挥。毫无疑问，你身边就有某人是得到知识恩典的有学问的兄弟，某人经验丰富，某人是像你一样有好奇心地亲近熟人；尽管，对你自己来说，由于你已经获得了你应该了解的知识，一个寻找者归根结底会发现还是保持在无知状态中更好一些，免得你在掌握了你应该了解的知识，而同时也了解到了你不应该了解的东西。[1] 上帝说："你的信仰救了你"[2]，并不关注你在圣经经文中的技巧。如今，信仰寓于法则中；信仰有律法和（对律法遵守中的）救赎。然而，技巧存在于求知的技艺中，仅仅有来自窍门的快捷算作它的荣耀。让这样的求知技艺让位给信仰吧，

---

〔1〕《哥林多前书》12:8。
〔2〕《路加福音》18:42。

让这样的荣耀让位给救赎吧。无论如何，要么让他们放弃已有的鼓噪，要么一直保持安静。对于与（信仰）法则相矛盾的那些知识一无所知就是无所不知。假设持异端者不是真理的敌人，那么，我们就没有得到预先警告因而避开他们，于是，与那些承认自己仍在不断寻找的人一致起来将会算作什么样的行为举止呢？因为如果他们仍然在寻找，那么他们就还是没有找到可以称为确定性的东西；于是，不管他们在某个阶段似乎占有了什么，在他们持续寻找的同时，都无意泄露了自己的怀疑态度。所以，你如果追寻他们的思维方式，依赖这些不断寻找的人，成为怀疑者群体中的一员，成为摇摆不定者群体中的一员，那么你必须有人"领路，由瞎子领路，你会掉在坑里"[1]。但是，为了蒙骗我们，他们假装仍在寻找，为了将他们藏在股掌间的企图塞到我们手上，他们向我们表示出急切的感情支持，——简而言之（取得靠近我们的机会后），他们马上开始游说我们，坚持有必要进行调查，当他们开始声称他们习惯于不断前进的时候，道义上的责任告诉我们，早该抵制他们了，让他们知道，我们不承认的，不是耶稣，而是他们自己。因为只要他们仍然在寻找，就说明他们还没有固定的信条；没有固定的信条，就说明他们还没有相信；他们还不是信徒，就说明他们不是基督徒。但是，即便他们已经有了信条和信仰，他们仍然坚持，为了讨论，探究是必要的。然而，在讨论之前，只要能维持它作为探究的对象，他们否定已经承认还没有信仰的这一事实。所以，在人自己都不承认自己是基督徒的时候，他们在我们面前无法展示基督徒形象的程度不就到了极点了吗？在他们用谎言把它向我们推荐之际，他们以屈尊俯就的态度对待的能是什么样的真理呢？但是他们事实上谈论的是圣经的片段，并且从这些片段中提取他们的观点，向人推荐！他们确实是这么做的。除了从圣经这一信仰的记录中获取之外，他们还能从什么别的资源中引申出有关信仰的论点呢？

---

[1]《马太福音》15:14。

第 15 章
不允许持异端者根据圣经片段进行辩论。事实上,圣经经文不属于他们。

于是,我们来到了我们立场(的主旨)之上;因为我们对准的正是这一点,为了这一点我们在(刚刚结束的)发言的开端处就做了准备——这样,现在我们可以针对对手质疑我们的论点进行辩论了。他们提出圣经经文,并马上以他们那傲慢无礼的态度影响了一些人。在意见冲突本身的上面,他们使坚强的人疲乏,他们抓住了弱者,他们把犹豫不决的人带着疑惑打发离开。有鉴于此,比一切别的都重要的是,我们用不许他们进行经文讨论这一步骤对付他们。

如果他们的资源来源于圣经经文,那么在使用经文之前,他们就应该很清楚地看到经文是属于谁的,如果根本没有资格获得这一权利,谁都不可以获准使用经文。

第 16 章
把那些持异端者排除在使用圣经经文之列是使徒的制裁,照使徒所说,在此事上,不需要与持异端者争论,而应该警告他们。

在我这一方,倘若没有原因,根据我的情况,人们可能认为我已经放弃了纠正不信任这个状况的立场,或者渴望使用一些其他方法进入这场争辩。尤其是我们的信仰对使徒保罗有欠尊重,因为这位使徒禁止我们进入"提问",或者禁止我们倾听新异的说法[1]或者禁止我们"在一两次

---

〔1〕《提摩太前书》6:3—4。

警戒之后"[1]，而不是在讨论之后仍与持异端者同声相应，继续结交。因为持异端者并不是基督徒，这位使徒把警告，而且是第一次警告当成对付持异端者的目的，藉此禁止我们进行讨论，为的是防止持异端者由于看到基督徒需要纠正，似乎可以仿照基督徒的方式，需要一次又一次的警戒纠正，并且"凭两三个人的口做见证"[2]；这恰恰是因为不应当与持异端者争论的原因本身，此外还因为：一场关于圣经经文的论战除了可以很显然地让人反胃或者头疼之外，不会产生别的后果。

第 17 章

事实上，持异端者不是使用，而是诋毁圣经。在他们和你之间，没有共同的立足点。

现在你的这个异端学说没有接受某些圣经经文；异端为了达到自己的目的，就算是确实接受了无论是哪些经文，都以或增或减的方法歪曲圣经；继而，就算是异端接受了某些经文，也不是完整地接受；然而，即便完整接受到某个点位，它也会使用达诂阙如的多样化解释手段予以歪曲。通过使真理的意义掺假，或者通过造成真理文本的舛误这两种反对方法造成的反对真理的后果实际上大同小异、不相上下。持异端者们徒劳地推断，他们必须拒绝承认（圣书）；而把他们驳倒的，又恰恰是圣书。他们依仗的那些只言片语，因其涵义的模棱两可，而为他们所选用，然后荒诞无稽地拼凑、组织到了一起。即使你对圣经经文极为精通谙练，驾轻就熟，可是你坚持的一切都为对方所否认，而你所否认的一切又都（被对方）所坚守，这时候，你也寸步难行，不可能有什么进展。作为你来说，确确实

---

〔1〕《提多书》3:1。
〔2〕《马太福音》18:16。

实,除了呼吸的空气外你什么都没有丢失,除了他们对上帝的亵渎而造成你的烦恼外,你也什么都没有得到。

第 18 章
圣经经文的所有讨论都会产生大邪恶,大邪恶会使信仰薄弱者受害。在这一过程中,持异端者从不会生出坚定的信仰。

有一个人深受怀疑之苦,你希望通过进入圣经经文的讨论而让他坚强起来。关于这个人,请允许我发问,他将倾向于相信真理,还是相信异端的诸多观点呢?另一方在否认和辩护上(和你自己)拥有同等的地位,或者在所有情况下都有相似的等级,当此之时,你寸步难行没有取得进展的这一事实影响了他,他会带着由于讨论而强化了的不确定性离开,却不知道裁决到底哪边才属于异端。毫无疑问,他们也能用这样的事对我们进行驳诘。确确实实的必然结果是:他们能走到这个地步:竟然说,把圣经经文掺假,并对经文进行荒诞的阐述,乃是由于我们自己造成的,这一点是鉴于如下的事实:他们坚持说真理在他们一边跟我们的坚持不分轩轾。

第 19 章
在异端的讨论中,诉求不在于圣经经文。经文仅仅属于那些有信仰法则的人们。

因此,不应该向圣经经文提出诉求;在某些要点上胜利或者是不可能的,或者是不确定的,或者是不够确定的时候,在这些要点上也不允许进行争辩。但是,即使基于经文的讨论结果不应该是双方取得同等地位,(然而)事情的自然顺序要求,对这一点首先应该提出来。而现在我们仅仅需要讨论的就是这一点："圣经经文所属的信仰本身属于谁？那使人们成为基督徒的信仰法则是从什么地方、通过谁、什么时候又传给了谁？"真正的基督法则和信仰不管在哪里都是清晰明了的，同样，也就有真正的圣经经文和对经文的阐述，以及所有的基督教传统。

第 20 章

最早是基督宣布了信仰，使徒散播信仰；他们把教堂当成他们的受托者建立起来。所以，那信仰是有使徒传统的，是通过使徒教堂从使徒那里传播下来的。

无论我们的主基督耶稣（在我像下面这样表达自己观点的这个片刻，希望基督能容忍我）是谁，无论他是什么上帝的儿子，无论他是什么本质的人或者上帝，无论他是什么信仰的导师，无论他是什么奖赏的立约人，当他在地上生活的时候，他自己宣称他是什么，他曾经是什么，他执行着他父亲的意愿是什么，他规定人的职责是什么，他所做的这个声明，或者是对众人公开做的，或者是对他的众位使徒秘密做出的，——他就是从这些使徒中选出 12 个主要的信徒在他身边伴随[1]，他还指定他们成为万民的导师。当这些门徒中的一个出局后，在他启程到他父亲那里去的时候，他还命令另外 11 位使徒出发，去努力"使万民做我的门徒，奉父、子、圣灵的名给他们施洗"[2]。于是紧接着，使徒也一样启程了，对他们的委派昭示了他们是"被派遣者"。在预言的权威下，在一首大卫的《诗篇》中，抽签决定选择马提亚为第十二个使徒，替代犹大的位置[3]。他们于是得

---

[1] 《马可福音》4:10;6:1、7。

[2] 《马太福音》28:16—19。

[3] 犹大出卖基督这一事实广为人知，所以我们不对叛徒犹大和接替他的马提亚分别做详细介绍，请看《使徒行传》1:15—26。——译注

到了已经许诺给他们的圣灵的力量,创造奇迹和言语的禀赋。他们在整个朱迪亚[1]境内,第一次对耶稣的信仰作证,并巡查了(那里的)诸教堂后,他们下一步就前往整个世界,向万民宣扬同一信仰的同一教义。然后,他们以同样的方式巡查每一个城市的教堂,从这些教堂起,又一座随着一座地巡视所有别的教堂,于是衍生出来了信仰的传统,种下了教义的种子,并且每一天都在衍生,有可能成为各个地方的教会团体。事实上,惟其出于这个原因,他们才能视自己为使徒,恰如使徒教会的后续衍生一样。每一种事物都有必要回复到起源才能分类。因此,虽然教堂那么多那么大,但它们只是以由使徒(巡查的)最原始的那个教堂为起源,再由这个原始教堂(发展起来),才形成今天的局面。在平和的交流参与中,以兄弟为名,以殷勤好客为纽带[2],教堂全部被证明形成一体,是(不间断的)统一——这些都得到了证明;在这个意义上说,所有的教堂都是原始的,都是有使徒传统的——这是特许的权利,除了完全相同的神启奥秘传统之外,是没有别的法则可以指引的。

第 21 章

所有真正的教义都通过教堂来自于众位使徒,使徒又是上帝通过基督教导的。所有观点如果没有这样的神圣来源和使徒传统予以演示,其事实的本身就是假的。

那么,根据这一点来说,我们是不是在制定我们的法则呢?既然主耶稣基督派遣使徒去传教,(我们的法则是)除了基督指定的那些传道士之外,其他人不得以传教士之名受到接待;因为"除了圣子和圣子愿意启示

---

[1] Judaea,指现今巴勒斯坦的南部地区和约旦的西南部地区。——译注
[2] 《约翰三书》全文。

的人没有人知道圣父。"[1]圣子除了向他派出去传道的使徒启示之外,似乎没有向别人做这样的启示,——理所当然,他是向使徒启示的。那么,此时,使徒们宣讲了什么呢?——换句话说,基督向他们启示了什么呢?——我必须在此以相同的方式做出规定:这只能通过使徒们曾亲自建造的那些教堂本身来做恰如其分的证明,方式是:他们自己直接向教堂宣告福音书,既通过直接有声音(viva voce)的方式,也通过随后的使徒书信。这些情况倘若如此,那么在同一程度上很显然的情况就是:所有与使徒教堂——即那些信仰的模式和原始出处——都保持一致意见的教义必须要认定为真道,毫无疑问地包含着如下含义:教义是(所提到的)那些教堂从使徒那里得到的,使徒是从耶稣那里得到的,而耶稣是从上帝那里得到的。但是,所有的教义都必须预先判断成错误的,这就意味着与教堂和基督上帝的众位使徒的真道是对立的。那么,恒定不变的情况就是,我们来展示:我们定为法则的这一教义,其源头是否存在于使徒的传统中;我们还要展示:所有其他教义在这种情况下,是否就来自虚妄悖谬。我们与使徒的教堂契合无间,因为我们的教义与他们的教义无论在哪方面都没有区别。这就是我们对真道的见证。

第 22 章

对于废止信仰这一法则的企图所做的驳斥。使徒们是真道的可靠传播者。使徒首先获得了充实渊博的教诲,而且在传播过程中又能忠诚恳挚。

但是鉴于证据可以信手拈来,以至于如果我们马上就提供出来,则没有什么东西剩下来让我们去处理了。如果他们认为,他们能找到办法废

---

[1]《马太福音》11:27。

止这一教规,就仿佛我们没有丝毫证据一样,我们则不妨暂时让出几步给对方。他们通常会告诉我们使徒们并非万事精通:(但是在此处)他们受同样的疯狂所驱使,翻然转身,回到完全相反的观点,声称使徒们自然是万事皆知的,但是却没有把所有的知识传递给所有的人。在这两种极端的情况下,不管哪种情况都会归罪于基督,埋怨他派出的众位使徒要么过于不学无术,要么过于缺少信实质朴。那么,哪些有健全大脑的人有可能认为使徒们对所有的事都一无所知呢?主基督委任他们为导师(传教师),让他们留在身边,他们的参与、追随以及他们的交往活动都与基督密不可分,基督在“没有人的时候,就把一切的道”讲给这些使徒听[1]——讲解晦涩难懂的东西,告诉他们“那些天国奥秘,只让他们知道”[2],而这些奥妙是不允许让别人知道的。人们称彼得为“磐石,教会应建造在他这块磐石之上”[3],称他为“天国的钥匙”[4],还称他为有着“在天国和地上捆绑和释放”[5]能力的人。有什么事是不让这位彼得知晓的呢?另外,有什么事情要避开约翰呢?须知约翰是主耶稣最喜爱的使徒,曾经靠在主耶稣的胸膛[6],基督唯有向约翰指出了犹大是叛徒[7],并把约翰托付给玛丽亚让她视约翰为儿子代替自己[8]。基督与摩西和以利亚一起把他的荣光显现给他们[9],甚至还让他们听从天上圣父那里传来的声音[10]。那么在基督心目中使徒们在什么事情上会有所不知呢?不是说

---

[1] 《马可福音》4:34。

[2] 《马太福音》13:11。

[3] 《马太福音》16:18。

[4] 《马太福音》16:19。

[5] 《马太福音》16:19。

[6] 《约翰福音》21:20。

[7] 《约翰福音》13:25。

[8] 《约翰福音》19:26。

[9] 《路加福音》9:29—30;《马可福音》9:14;《马太福音》9:30。关于摩西和以利亚请参见 p.88 注1。——译注

[10] 《马太福音》17:1—8。

这样一来基督就否认了所有其他的人,而是因为"要凭三个人的口作见证,才可定案"[1]。(我猜想)如果他们是有所不知的,在他复活以后,因为他们与他共同旅行,以同样的方式他把"凡经上指着自己的话都给他们讲明白了"[2]。毫无疑问,上帝有一次还说,"我还有好些事要告诉你们,但你们现在担当不了。"但是即使在那个时刻,上帝又补上一句,"只等真理的圣灵来了,他要引导你们明白一切的真理。"[3]他(就是这样)告诉我们,信徒们是无所不晓的,他向信徒们承诺,将来在真理圣灵的帮助下,他们将获得所有真道。当然,他确实兑现了他的承诺,因为《使徒行传》证实了,圣灵的确降临了[4]。所以,那些拒绝圣经的人因为不承认圣灵是上帝派出到信徒这里的,因此既不能属于圣灵,也不能擅自声称他们自己就是教会会众,因为当他们确实没有办法证明基督之身到底是在什么时候,又是用什么褓褓布[5]安顿好的。他们对自己的主张没有丝毫证据予以证明,这一事实对于他们来说十分重要,他们避免下面的事情发生:把他们假造的主张和他们在一起公开暴露出来,那有毁灭性的结果。

第 23 章

使徒们不是诸事不晓的。异端关于圣彼得缺陷的借口是因为圣保罗曾经责难过圣彼得,但是圣彼得并不是因为在教诲过程中有过失而遭受责难的。

这时,在给使徒们贴上了诸事不晓的某种标签后,他们提出彼得的案

---

[1] 《申命记》19:15;《哥林多后书》13:21。

[2] 《路加福音》24:27。

[3] 《约翰福音》16:12—13。

[4] 《使徒行传》2:1—4。

[5] 《路加福音》2:7、12。

例,说他们在和彼得一起的时候,保罗责难过彼得。他们说"所以,这些使徒是有缺陷的。"(他们如此断言)这样,他们才能在这个基础上构建起他们其他的立场,那就是,(众使徒身上)需要有更充分的知识方可,这同当时保罗责难在他前面的那些人的时候,需要有更充分的知识才行的那份遭遇一模一样。我在这里想向那些排斥《使徒行传》的人说:"首先,你们有必要让我们知道这个保罗是谁——不光是他在成为使徒之前是做什么的,还有他是怎么成为使徒的",他们在很多其他问题上,大量地以他为例。事实上,保罗的确告诉我们,在成为使徒之前,他是个迫害者[1],然而在他相信主之前,这对于考察他的人是不够的,因为即使主耶稣本身也没有为自己作证[2]。但是,如果他们的目的是为了相信与圣经经文相反的东西,那就让他们相信经文以外的东西吧。即使在他们断言彼得曾遭受保罗责难的情况下,他们仍然应该证明,保罗在彼得和其他使徒以前业已发表的福音之外又增加了另一个形式的福音。然而事实是,保罗从迫害者变成传道士之后,是经由教友介绍他给其他教友,成为教友中一员,经由的那些人的确是在使徒手中增加了信仰的人数。然后,根据保罗自己的陈述,他"上耶路撒冷那,为的就是见彼得"[3],毫无疑问,那是因为彼得的仪式,而且由于有共同的信仰和布道方式。那么,如果保罗的布道是在传播相反的东西,他们当然不会真地对保罗成为传道士而不是迫害者而感到惊讶了;此外,他们也就不可能"归荣耀给上帝。"[4]因为保罗以前亮出他自己的身份是上帝的敌手,他们因此后来甚至给他以"右手行相交之礼"[5],作为认同他的表示,然后在他们自己人当中分配职责,而不是分配多样化的福音,这样,他们才能分别地给不同的人传教,传播的不是不同的福音,而是相同的福音。彼得传教给全体犹太人,保罗传教给外

---

〔1〕 《加拉太书》1:13 中有记载:保罗说自己"曾经逼迫残害上帝的教会。"——译注
〔2〕 《约翰福音》5:31 有记载,耶稣说"我若为自己作证,我的见证就不真。"——译注
〔3〕 《加拉太书》1:18 告诉我们,保罗去了耶路撒冷见了彼得,一起住了 15 天。——译注
〔4〕 《加拉太书》1:24。
〔5〕 《加拉太书》2:9。

邦人即非犹太人。然后,由于彼得在与非犹太人共同生活以后,出于对人的尊重,他将他自己与他们的伙伴分离出来,因此彼得受责难了。错误显然是交往错误而不是传教内容错误。从中不能表明,彼得宣布的是随便其他的神而不是造物主,是随便别的基督而不是玛丽亚的(儿子),是随便别的希望而不是耶稣复活。

第 24 章

圣彼得的进一步证明,圣保罗在传教方面并不比圣彼得更为优胜。在第三层天,圣保罗得到传授的秘密并没有对信仰增加裨益。持异端者欢欣鼓舞,就仿佛他们得到了传授给圣保罗的某些秘密。

我没有这种好运气,或者,我必须说,我没有挑拨离间,引起使徒不合的这种令人不快的任务。但是,本来我们的固定目的是对早期教义的质疑,鉴于我们非常不合常理地吹毛求疵,强加了我们正在辩论中的关于斥责的话题。我要开始一场辩护,就仿佛是为彼得做的辩护,大意是,甚至保罗都说,他"面对什么样的人就做什么样的人——面对犹太人就做犹太人",面对那些不是犹太人的就不做犹太人——"为得到所有人"[1]。因此,他们过去一直就是根据不同的时间,不同的人和不同的原因而谴责某些做法,而这又是他们自己毫不犹豫地践行着的原则。(例如)就像,如果彼得也谴责保罗,因为禁止割礼的时候,保罗实际给提摩太施了割礼[2]。更别提那些对众使徒施行判决的人了! 彼得在殉教的荣耀上实际上与保罗是同一水平的,这是个让人高兴的事实。那么,虽然保罗被带到其

---

〔1〕《哥林多前书》9:19—22。
〔2〕《使徒行传》16:3。

至第三层天,并被提升到乐园内[1],在那里听到某些启示,但所有这些并没让他拥有(传授)另一教义的资格,因为这些启示的本质本身就使得它们对人类没有可传授性。然而,如果那个不能说的神启秘密一旦真地泄露,尽人皆知,而所有异端也都申明照此办理,纷纷效仿,(那么)要么保罗就会被判为泄露秘密,要么就必须有证明以显示其他人也被"提升到乐园之中",并得到允许把保罗(甚至连)小声嘟嚷都不许说的隐秘言语[2]明白清楚地和盘托出!

第 25 章
使徒们没有隐瞒当初基督托付给他们的教义存放。圣保罗公开把整部教义委托给提摩太。

正如我们前面所说,他们事实上承认使徒们无所不知是同样的疯话,他们承认使徒们没有传授丝毫自相矛盾的教义,同时,坚持说使徒们没有向所有的人传授所有的知识,他们向全世界公开地宣布了一部分,与此同时,把其他的部分当成秘密,或者只是吐露给少许的人,因为保罗甚至对提摩太这样说过:"哦,提摩太,托付给你的你要守卫好了"[3],还说过"从前所交托你的善道要牢牢地保存好。"[4]托付保存的是什么呢?是不是十分秘密乃至于可以成为一种新教义的特点呢?或者是不是他所说到的嘱咐的一部分:"我儿提摩太啊,我把这个嘱咐说给你。"[5]还有他说到的那份规

---

[1]《哥林多后书》12:4。
[2]《哥林多后书》12:4。
[3]《提摩太前书》6:20。
[4]《提摩太后书》1:14。
[5]《提摩太前书》1:18。

诚的一部分:"我在催生万物的上帝面前,并在当着本丢·彼拉多[1]的面做过美好见证的基督耶稣面前嘱咐你? 你应遵守这一命令"[2]那么,这命令是什么? 这嘱咐是什么? 从上下文看来,很清楚的事实是:有关某种从远方带来的某种教义的表达中,没有什么隐晦提出的神秘暗示,而毋宁说是发出了警告,即警告除了提摩太从保罗自己那儿听到的教义之外,反对接受任何其他的教义,正如我公开表示的那样:"在许多见证人面前"[3]是他的用法。那么,即使他们不承认"许多见证人"所指的就是教堂也无关紧要,因为在"许多见证人面前"说出的话不可能是秘密的。另外,保罗希望提摩太"也要交托那能忠心教导别人的人"[4]的情况也不应该被理解为有什么神秘福音的证据。因为,保罗说"这些事"时,他指的是他那个时刻正在写的东西。然而,关于神秘的题目,保罗对在事情上与他自己有共同认识的人本应该把不在场的事称呼为"那些事"而不是"这些事"[5]。

第 26 章
众使徒在所有的情况下,都确确实实将整个真道传授给了整个教会,没有任何保留,也没对特别钟情的朋友有过偏袒性的交流。

除此之外,一定因此已经得出结论,对于接受委托施行福音的人来说,他会加进如下禁令,福音的施行不是在所有地方,不是不顾及不同的

---

〔1〕 Pontius Pilate,罗马犹太巡抚,主持对耶稣的审判,在众人的喧嚷声中,下令把耶稣钉死在十字架上。——译注。

〔2〕《提摩太前书》6:13。

〔3〕《提摩太后书》2:2。

〔4〕《提摩太后书》2:2。和合本全句的译文是:"你在许多证人面前听见我所教训的(那些事——本译者所加)也要交付能忠心教导别人的人。"——译注。

〔5〕《提摩太后书》2:2。"正在写的"即指《提摩太后书》;"与他自己有共同认识的人"指提摩太。"那些事"参看上一注释,和合本未予译出。——译注。

人，不是不遵循上帝的话："不要把珍宝丢在猪前，也不要把圣物丢给狗"[1]。主耶稣公开这样对世人说话[2]，没有什么暗示隐藏的奥秘。他本身发出命令"不管在暗中听到了什么"，不管秘密地听说了什么，他们应该"在明处，在屋顶上宣示出去"[3]。上帝本人用寓言的方式，做了一个预演，告诉他们不应把哪怕少少的一锭银子——也就是他的一句话，藏起来不用——那就没有利息了[4]。上帝用他自己做例子告诉他们，一根蜡烛通常不"放在斗底下，而是放在灯台上"，为的是"照亮一家人"[5]。如果使徒因遮住灯光的随便哪个部分，即上帝的道或者基督神启的奥秘，而没有尽到他们的职责，那么，使徒们就是把这些事要么忽略了，要么就没有明白。我非常肯定，他们谁都毫不惧怕——既不怕犹太人的暴力，也不怕外邦非犹太人的暴力；在拥有更多自由后，他们肯定会在教堂里面传教，他们是不会在犹太教堂或者公共场合拴住他们舌头的。确确实实，他们会发现，想让犹太人改变信仰或者吸收外邦人都是不可能的，除非"提笔著书"[6]写下他们让这些犹太人和外邦人相信的教义。更不用说，如果教堂在信仰上已经走在前面，那么人们怎么会从教堂撤回信仰，为的是把信仰再分别委托给少数别的人呢？虽说，假设在一帮可以称作亲密的朋友之中，确实进行某些讨论，但不可信的是，这些讨论就能带来其他的信仰法则，与他们在大公教堂[7]公布的那些法则不同，以至相反——就

---

[1] 《马太福音》7:6。
[2] 《约翰福音》18:20。
[3] 《马太福音》10:27。
[4] 《路加福音》19:20—24。"一锭银子"用的是和合本的译名，原文是 pound；在国际圣经协会版里用的是 mina（迈纳），为古希腊和埃及的货币。——译注
[5] 《马太福音》5:15。
[6] 《路加福音》1:1。
[7] 此处原文为：Catholic Church。Catholic 在德尔图良时代，不是指现在与新教、东正教并列的天主教，而仅仅强调普遍、正统。该词源于希腊文 Katholikos，意为普遍的，所有人的。脱胎于犹太教的基督教认为上帝不再是犹太人的上帝，而是所有国族、所有人的上帝，所以自称 Catholic Church（公教），强调的是教义正统，以抵御异教思想。——译注

仿佛是,他们在教堂里谈论一个上帝,而在家里谈论另外一个;在公开场合形容基督的一种本质,然后私下又谈论另外一种;在所有人面前宣布一种复活的希望,然后在少数人面前宣布另外一种希望;虽然他们自己在使徒书中,恳求人们,让他们都讲一件事而且是相同的事,还恳求教堂里不应分党派,有分歧或者不和[1],因为看到他们不管是保罗还是其他人,所布的道都是相同的。此外,他们记得这些言词:"你们的话,是,就说是;不是,就说不是;若再多说,就是出于那恶者。"[2]这样一来,他们就不会用不同的多种措置方法施行福音了。

第 27 章
假设使徒们已经将完整的真道教义传播出去,教堂有没有可能在转发过程中不忠实确凿呢? 难以想象的是,情况有可能是这样。

因为既然使徒不可能对他们需要宣示的整体信息一无所知,也不可能在向人们宣讲全部的信仰教规方面打算做而无法实现,那么让我们看看,使徒们简洁而又充分地布道的时候,各个教堂由于它们自己的错误,所传播的信息有没有可能与使徒所传播的有所不同呢? 你会发现,这些怀疑论的暗示可能都是持异端者所提出来的。他们头脑中清楚地记得使徒保罗是怎么样责备教堂的:"无知的加拉太人啊,谁迷惑了你们?"[3]还有,"你们向来跑得好;有谁拦阻你们?"[4]还记得使徒书信实际上是如何开始陈述的:"基督以自己的恩典把你们称为他自己的人,我惊奇你们竟

---

〔1〕《哥林多前书》1:10。
〔2〕《马太福音》5:37。
〔3〕《加拉太书》3:1。
〔4〕《加拉太书》5:7。

然这么快离开了基督,去跟从别的福音。"[1]他们记得保罗给哥林多人写道,他们"仍然是属于肉身的,在基督那里为婴孩的",他们"需要用奶喂",因为还"不能用饭喂"[2];他们"以为自己知道什么,然而他们对所应该知道的,却还什么都不知道"。[3] 持异端者提出的反对理由是教会团体受到了指责,当此之时就让他们假设他们也都被纠正过了,就让他们也记得那些(教会团体)吧,使徒保罗"感到喜悦并对上帝感谢"的正是关于那些教会团体的信仰、知识和生活方式,但是甚至到了今天,教会团体还与同一圣餐的恩典上面遭到指责的那些教会团体连成一体。

第 28 章
信仰的传统在各地的教堂都大体相同。这是整体说来传播内容一直真实诚信的有力证据。

那么,假设所有这些都出了岔子;假设使徒约翰在作证之时出了错;尽管基督是为了把教堂带向真道这一目的而派遣圣灵的[4],圣父让他当真道的导师时也要求他引领真道[5],然而假设圣灵对(教堂)没考虑到这一点;而且再假设,上帝的管家以及基督的主教——圣灵忽视了他的职责,允许各个教堂暂时有不同的理解,(并且)暂时相信不同的信仰,那么圣灵自己通过使徒宣讲什么教呢,——是不是那么多了不起的大教堂,都走错了路,进入了同样的一个信仰呢?分布在很多人之中的事故不可能导致同样的一个结果,教堂中信条的错讹必然会产生不同的问题。然而,当众

---

〔1〕《加拉太书》1:6。
〔2〕《哥林多前书》3:1。
〔3〕《哥林多前书》8:2。
〔4〕《约翰福音》14:20。
〔5〕《约翰福音》15:26。

人的问题都如出一辙时,就不是错讹的结果,而是传统出问题了。那么,有人能轻率地断言是传续传统的那些人出错了吗?

第 29 章

真理并没有受惠于持异端者的关照。在持异端者出现之前,真道是自由通行的。教堂信条的优先权正是真道的标志。

错误不管以什么方式出现,只要异端不存在的时候它当然都要盛行。而真道必须等候马吉安派或者瓦伦廷派的某一位人士使之自由通行。在这一间隔中,福音书遭遇了错误的宣讲;人们则错误地相信了它;成千上万的人错误地接受了洗礼;那么多信仰的著述荒唐地写出印出;那么多奇迹般的天赋才藻和那么多精神的天资禀赋都荒谬地进入操持过程;那么多祭司人员的工作以及那么多的宗教职务都遭错误的执行;犹有甚者,那么多殉教者阴差阳错地接受了荣誉的冠冕!如果不是已遭错误执行而且完全徒劳无益,那么上帝的事物怎么会在人们知道它们属于什么上帝之前,就进入途中了呢?在耶稣出现之前怎么就已经有了基督徒呢?在真正的信条产生之前怎么就已经有异端了呢[1]?事实不是这样,在所有情况下,真道总是出现在赝品之前,冒牌货接替真实的正品。然而,荒谬的是,即使出于这个原因,异端仍应被看作是先于其自身的信条,原因是那信条本身预示了异端即将出现,人类需要对此进行抵御。对于有这个信条的教堂来说,信条是有书面文字的,——是的,信条本身写入自己的教堂——"但即使是天上来的使者若传福音给你们,与我们所传给你们的内容不同,他都应当遭受诅咒。"[2]

---

〔1〕 请注意以上文字的嘲讽意味。——译注
〔2〕 《加拉太书》1:8。

第 30 章

异端出现相对较晚的事实；马西昂的异端。关于马西昂个人的一些事实。阿佩里斯的异端，阿佩里斯的个性；菲旒敏、瓦伦廷；尼基迪乌和黑摩其尼。

那么，本都（Pondus）的那位船长，斯多葛学派那个热情积极的学生马西昂在哪里呢？柏拉图的那个信徒瓦伦廷又在哪里呢？很明显，这两位不久前还在世——活在安东尼[1]统治时期的大部分时间里——他们一开始还在受尊敬的埃留提里乌斯[2]任主教的罗马教堂里，成了天主教堂教义的信徒，但是由于他们永无止境的好奇心，甚至影响了其他一些教徒，不止一次地被共同驱逐出境。确实，马西昂开始带着两百塞斯特斯[3]来到教堂。而离开教堂时又把这笔钱带走了。最后他被永远地开除教籍时，他们到处散布那邪恶的教义。后来，马西昂确实公开声明悔改，并同意特批给他的条件——如果他能让所有受他训导而永劫不复的人们重回教堂，他可以复归教会：然而，死亡阻挡了他的道路。事实上，异端有必要存在[4]；然而并不是由于其必要性就说明持异端者的存在是件好事。仿佛应当有邪恶的存在也并非一直都是必然的。甚至，主耶稣应该遭到背叛都是必然的；但是背叛者是"有祸的"[5]！因此，不应该有人凭着这一点而去捍卫异端。如果我们必须同样谈及阿佩里斯[6]的世系，恰如他的指导者和思想铸造师——马西昂一样,他远远不是什么"旧派的一员";他倒是宁愿放弃马西昂的禁欲主张,求助于一个女人的陪伴,撤退到亚历山大港,远离他最有节制力[1]的师傅马西昂的视线。几年后,他从那里回来了,除了他不再是马西昂教派的成员外,没有其他的丝毫进步,他又转向另外一个女人,少女菲旎敏(我们已经提到过她)[2]。这位女子后来成为一个有名的妓女。受菲旎敏充沛精神活力的影响,他于是致力于著述从她那里得到的启示。记得住他们的人——他们的信徒和继承人——有些仍然在世,都无法否认这些持异端者出现时间较晚的事实。然而事实上,甚至如同主耶稣所说的那样,由于他们自己的著作,他们已经犯罪了[3]。由于马西昂将新约从旧约中分离开来,——只有他有能力把此前统一在一起的内容分离开来,他(有必要)承继他拆离行为的后果。拆离二者之前,是统一在一起的,那么随后的拆离这一事实也证明了那个实施拆离的人随后发生的事。瓦伦廷也是以类似的方式,用他那些相异的解释以及得到认可的校勘,在以前的讹误的明确基础上做了改动,并由此展示了文本的不同。我们所提到的这些真道的破坏者比其他人更加臭名昭著,更加堂而皇之。然而,一个人名叫尼基迪乌[4]连同黑摩其尼以及其他几个人,仍然继续追逐颠倒主耶稣路线的这一事业。让他们给我展示一下他们是凭借什么权利而来的吧!如果他们传播的是另外的某个上帝,那么怎么仍然使用他们传教时反对的那个上帝的物件、著作以及名字呢?如果是同一个上帝,那么,为什么又以某种不同的方式对待上帝呢?让他们证实自己就是新的使徒吧!让他们就坚持,耶稣第二次来到人间,亲身第二次传教,两次被钉在十字架上,两次死亡,又两次复活吧!因为这就是使徒所描述的

〔1〕 这嘲讽的是马西昂对婚姻的反对。——译注
〔2〕 请参见 p.10 注2以及第6章内容。——译注
〔3〕 《马太福音》7:16。他们的著作即是他们骗人的"果实"(fruit)。——译注
〔4〕 Nigidius,德尔图良同代的积极异端分子。——译注

（耶稣生命的大事记的次序）；因为这也是上帝习惯于造就他使徒的方式——（那就是）给予他们创造上帝自己创造的相同神迹之外的能力。因此，我除了承认他们最非凡的业绩就是有悖常理地与众使徒针锋相对的业绩——之外，我还是会把他们的非凡业绩公之于众的。当他们让死人从死亡中复活的同时，也把人从活着的状态中抛给死亡。

第 31 章

真理先行，作为对真道的歪曲，谎言随后发生。耶稣的寓言在散播无用的稗子之前，已经播了优良的种子。

但是，还是让我从离题后回归，来讨论真道先行，以及谎言相对迟到的事实吧，即使从那个寓言里我也会使我的论点得到证实。那寓言首先是说主耶稣播下小麦的优良种子，但是后来却被敌人——魔鬼用野生燕麦的无用杂草把作物掺了假。[1] 在这里，信条的差别得到了比喻性的形象描述，因为其他章节也把上帝的道比作种子。那么，根据实际的顺序，事实变得清晰明了；最先得到传播的内容来自主耶稣，并且是真实的，而后来推行的则是异化的、错误的。这个判决将坚持与所有后到的异端观点相反的立场。在那些异端观点中，没有丝毫内在相关知识的统一连贯性用以断言真理就在他们那边。

---

〔1〕《马太福音》13:24—30。

第 32 章

没有哪个持异端者声称是继承众位使徒的。新兴教堂仍然是使徒教堂,因为它们的信仰还是使徒们教导并传承下来的。持异端者反对出示任何使徒的凭证。

然而,如果哪些异端大胆到将自己安置到使徒时期,那么异端就可以由此被看作是由使徒们传承下来的,原因是,它们在使徒时期存在噢。那么我们可以说:让他们出示他们教堂的原始记录吧,让他们展示他们主教的名单,从第一个开始按顺序排列,方法是:从他们的第一个主教,因有其委任者和前任,能够指出众使徒或者使徒时代人士中的某一位,此外还能指出一个持续笃定地追随使徒的人。因为这是使徒教堂将记录传给后代的方法:士麦那教堂[1]记录着:坡旅甲[2]是由约翰委派在那里的;还有罗马教堂的克莱门特[3]是由彼得按照类似方式委任的。别的教堂以完全相同的方式展示他们几个值得敬重的人,这些人都是由使徒委任在主教地位上的,人们把他们看作是传承使徒种子的人。让异教徒也筹划出类似的方法吧。因为在他们亵渎上帝的言行之后,对他们来说,还有什么不合法的行为让他们不去尝试的呢?然而,倘若他们实施这类筹划,他们就一步也不会前进了。原因是:他们的信条本身在与使徒的信条做了比较之后,会由于其纷然杂陈和内在矛盾,而自行宣告:其作者既不是使徒也不是使徒时代的人士。因为,众使徒绝不会向人们讲授丝毫自相矛盾的内容,所以,使徒时代的人谆谆教诲的也不可能与使徒所教的相互悖

---

〔1〕 Smyrna 位于今日土耳其境内,以弗所的北面。是圣经《启示录》上提到的七大教堂之一,见《启示录》1:11。——译注

〔2〕 Polycarp,基督教士麦那教堂的主教(66—155 在位),由使徒约翰任命,马西昂派的坚定反对者,因坚持基督教信仰而被罗马地方总督烧死。——译注

〔3〕 Clement,罗马教堂的主教(88—97 年在位)。一般认为他就是《腓立比书》中的格利免,见《腓立比书》4:3。他提出了著名的"使徒统绪"(Apostolic succession)主张,认为基督教会的领袖必须在使徒以及使徒的承继者中间选任。——译注

逆,除非他们接到使徒的指示,以相反的方式进行传播。那些教堂为了证明,将要让一些教堂经受这个测试,这些教堂尽管其创始者追溯不到使徒或者使徒时代的人(创建是在相对晚得多的时间里,事实上每天都在创建教堂),然而,由于它们所遵从的是同样的信仰,它们也庶几可以算是有使徒性质,因为它们在信条上彼此属于同类。然后,当各种异端遭到我们的使徒教堂针对信仰和信条这两项测试的质疑时,就让它们提供证据证明它们是如何视自己为具有使徒性质的吧。然而,事实上它们既不是这样,也无法证明它们实际上不是这样。同样,因为它们信仰奥秘的多样性,它们自己在随便哪个意义上都与使徒无关,有鉴于此,它们也没有获得允许同各方面都与众使徒相关联的教堂之间建立和平的关系和交流。

第 33 章
现在的各种异端(圣经的作者们注意到了,它们是稗子的幼苗)已经在圣经中遭到过谴责。异端的后至事实这一出身在好几个情况下都能找到早期的痕迹。

除了所有上述内容,我还要加进对诸信条本身的回顾,这些信条如同在使徒的时代一样存在着,都是由所述及的使徒们揭露并公开谴责过的。因为人们觉察到这些信条即使当时就都已经存在,或者无论怎样,已经成了——而且当时就成了——稗子幼苗的时候,通过这样的方法,这些信条可以更容易遭人摈弃。保罗在他给哥林多人的第一封使徒书中把某些否认并怀疑耶稣复活的人设为批评的靶子。[1] 这个观点撒都该人[2]有特

〔1〕 《哥林多前书》15:12。
〔2〕 Sadducees,新约时代的犹太教派别。他们相信摩西五经,不相信死人复活和来世审判,也不相信天使和鬼魂的存在,对耶稣和早期教会同样抱有怀疑和抗拒的态度。——译注

别的所有权〔1〕。然而,其中的一部分观点由马西昂、阿佩里斯和瓦伦廷以及对耶稣复活进行攻击的所有其他人所坚持。保罗也给加拉太人写信,他抨击遵守割礼并为之辩护的人并抨击摩西律法。〔2〕伊便尼的异端就是这样运行的。同样,保罗在给提摩太的指示中斥责"禁止婚嫁"〔3〕。而现在,禁止婚嫁是马西昂和他的追随者阿佩里斯的传布内容。使徒对那些曾说过"耶稣复活早已经过去了"〔4〕的人发出了类似的批驳。瓦伦廷派自己就坚持这样的主张。当保罗再次提到"无穷的家谱"〔5〕之时,人们可以识别出瓦伦廷,在他的体系中是称为某种永世(AEon)的,不管用一个新名后它是什么——而且并不只用一个名,能自行创造"感知和真理";而"感知和真理"以同样的方式,自行产生"道和生命",而"道和生命"后来又造出了"人类和教会"。从这元初的 8 个"永世"又有 10 个"永世"随后跳出来,接着又有另外 12 个"永世"出现,每一个都有个非凡的名字——他就这样完成了他 30 个"永世"那不过是虚妄臆说的观点〔6〕。同一位使徒保罗,在不赞成"情愿再做奴仆"〔7〕的那些人之际,向我们指出了黑摩其尼的某个信条,黑摩其尼介绍了没有起点的物质,并与没有起点的上帝做了比较。通过这样的办法黑摩其尼把物质之母称为女神,他甘愿自己受这个神的"奴役",还竟然把这个神置于同上帝同等的地位。然而,约翰在《启示录》中接受委派,就是惩戒那些"吃祭偶像之食

---

〔1〕 这个词的使用具有嘲讽意味。——译注

〔2〕 《加拉太书》5:2。

〔3〕 《提摩太前书》4:3。

〔4〕 《提摩太后书》2:3。

〔5〕 《提摩太前书》1:4。

〔6〕 英语"维基百科"说,瓦伦廷的"永世"说包括 15"组"(syzygies)概念,每组有两个概念,共计 30 个,每个概念均是一个"永世"。限于篇幅,我们不拟把 15 组概念全部译成汉语,而下文涉及到的而前 4 组则分别是"混沌和沉寂"、"感知和真理"、"道(逻各斯)和生命"以及"人类和教会"。——译注

〔7〕 《加拉太书》4:3、9。

物"〔1〕的人以及"行奸淫之事"〔2〕的人。现在甚至还有另外一种"尼哥拉党"人士〔3〕。他们的称号是"盖亚异端"〔4〕。但是,约翰在他的使徒书中,特别把那些"否认耶稣以肉身降临的人"〔5〕以及那些拒绝承认耶稣是上帝儿子的人称作"敌基督"。前者是马西昂坚持的信条,后者是伊便尼坚持的观点。然而,西门巫术的教义反复灌输对天使的崇拜〔6〕,事实上这教义本身归入偶像崇拜范畴,是使徒彼得针对"西门"之名谴责过的〔7〕。

第34章

早期争论都没有涉及神圣的造物主;开始并没有引出第二个上帝。犹如遭判刑一样受到谴责的异端。圣经对这些异端并未涉及。

如我所料,这些不同种类的伪信条,(恰如使徒自己告诉我们的那样)在使徒自己的那个时代就已经存在了。然而我们发现在对真相这么多的各种歪曲中,没有一个教派对上帝就是万物造物主这一点提出异议。也丝毫没有人胆敢臆想出第二个上帝。更让人随时感到的疑惑是关于圣子

---

〔1〕《启示录》2:14。

〔2〕《启示录》2:20。

〔3〕 新约《启示录》记载的异端教派,他们"吃祭偶像之物,行奸淫的事",事见《启示录》2:6、14。——译注

〔4〕 Gaian herasy。盖亚(Gaia)在希腊本是个原始巨人,象征地球,反映泛神论灵性地球的信念,其中也包括维护地球平衡,寻求内心满足的含义。当时人们称"尼哥拉党"的行为为"盖亚异端"是就其"寻求内心满足"的一个方面而言。顺便指出,当前"盖亚主义"(Gaianism)已经成了尊重地球、尊重地球上所有生命的环保正面理念。许多"盖亚"(Gaians)人士成了坚定的素食主义者。——译注

〔5〕《约翰一书》4:2—3。

〔6〕《歌罗西书》2:18。

〔7〕《使徒行传》8:9。——译注

而非圣父的,直到马西昂提出,除造物主外还有另一个仅属美德的上帝。阿佩里斯让造物主成了一个因为无特征而无法归类的"光明的天使"的造物主,这属于最高级的上帝,(据阿佩里斯所说)是法律的上帝和以色列的上帝,并声称这位上帝就是火。瓦伦廷传播他的永世学说,一个永世所生的罪孽追溯到造物主上帝的产生。真的,除了马西昂,阿佩里斯和瓦伦廷从魔鬼那儿获得这独特的荣耀和更完整的支持之外,关于神圣自然的真相,魔鬼没有向别人,没有向先于马西昂等人的人有过什么启示,对此我们无法质疑,因为即使在与上帝争衡的方面,魔鬼也期望,凭借其信条的邪恶,他也有可能在如下事情中获得成功:把主耶稣曾说的不可为之事由他本人来做——"学生高过先生"[1]。因此,假使出现的时间并不重要,而且也考虑到,它们并非出于真道,(当然)在使徒时期它们都不存在,也就不可能与使徒产生丝毫关联[2],那么,就让诸异端的整个板块为它们自己选择它们应该在什么时间出现吧!假使,这些异端那时候确实是存在的,由于对它们的镇压抑制,持异端者的名字也应该未遭佚失。那些异端在使徒时期倘若的确曾经存在过,那么每当有人提及,则必然遭到使徒的谴责。那么,如果情况属实,那些在使徒时期存在的各个异端都是以无理的形式而存在的,人们发现它们如今还是这样存在,只不过存在形式做了好得多的修饰而已,光是在这样的情况下,这些异端就会招致对它们自己的谴责了。或者,如果这些异端过去的实质与现在并不相同,而是后来以不同的形式而出现的,而且从使徒的教义中只采取某些信条,那么,由于以上提及的宣告以及与我们恰恰在开端处相遇的近期时间,使徒们通过在传教方面同异端取得一致意见,必须共同参与谴责。即便他们在受到谴责的信条中没有丝毫参与,可是,仅仅是他们所处的时间也已经足够为他们做出鉴定了:使徒们甚至连他们的名字都没有提到,他们的身份就

----

〔1〕《路加福音》6:40。
〔2〕本章开头讲过,有些伪信条在使徒时期就曾出现;可是马西昂等人的异端在使徒时期尚未出现。——译注

更加虚假了。由此我们有了更加坚定的把握,这些异端是甚至在那个时候就已经被宣布为将出现的异端了。

第 35 章
就让持异端者用明确和清晰的证据坚持他们的主张吧。这是唯一可以解决他们问题的方法。大公教徒一直呼吁,在追溯到使徒时代的资源中去寻找证据。

根据如上这些宣告,在我们的挑战和驳斥下,让所有的异端——不管它们是晚于使徒时期或者与使徒同期,假如它们与使徒们不同,假如他们由于一般性的或是特定的指摘提前受到使徒的谴责,——也提出与如上宣告类似的规则反对我们的信条吧!因为既然它们否认(我们信条)的真理性质,他们就应该要证明我们的教义也是异端,也是可以驳斥的,它们可以使用我们驳斥它们时所使用的同一规则。与此同时,它们也应该指示我们必须到哪里去找到真理,可是到了这个时期已很显然,它们之中是没有这一真理的存身之处的。我们的体系在时间方面绝不落后于任何别的体系,恰恰相反,它的出现领先于所有体系,而这一事实就是其真理性质在无论何地都占据了第一位的证据。使徒对它无处可以批评,他们倒是在捍卫它——这正是这一体系来源于使徒们自己的一个事实。在使徒们对每个奇怪主张都已经谴责过之后,对于他们不会去谴责的这个信条,他们证明了正是他们自己的信条,也正是在这个基础上,他们才会去捍卫它。

第 36 章

使徒教堂代表使徒之声,让持异端者检查教堂的使徒主张吧,在每件事情上,使徒主张都不容置疑。罗马教堂有加倍的使徒性质;罗马教堂早期的卓越和杰出之处。异端,由于歪曲真道,于是与罗马教堂有了干系。

你,醉心于更强烈的好奇心,现在请你过来,如果你把好奇心用在为自己救赎的事业上,那么就游览一下各个使徒教堂吧!在这些教堂里,使徒们的神座仍然各在其位,峨然而又卓然;他们真本的著作人们在研读,他们仿佛各自发出自己的声音,庄严肃穆地展示每人各自的面庞。如果亚该亚[1]离你很近,在那你会看到哥林多[2]。既然你离马其顿[3]不远,你就见到腓利比[4],那里还有帖撒罗尼迦人[5]。既然你能横跨不少地区来到亚洲,就能到达以弗所[6]。此外,你既然靠近意大利了,你就能找到罗马,从那里不远,(众使徒自己的)权威地位本身在你肘腋之间就可领略了。罗马的教堂该是多么喜悦啊,使徒将他们所有的信条,连同他们的血液都倾注到这里了!在这里,彼得像他的主耶稣一样永远保持殉教的地位;在这里,保罗像约翰一样,在死亡中赢得他的冠冕;在这里,使徒约

---

[1] Achaia,圣经地名,新约时代是罗马帝国的一个省,位于马其顿以南,首府是哥林多。——译注

[2] 圣经地名,现称科林斯。保罗在这里曾经传道一年半之久,保罗 4 卷主要的书信中有《罗马书》《加拉太书》和给哥林多教会的两封书信。——译注

[3] Macedonia,圣经地名,在现今希腊的东北部。保罗曾在这个地区的多处传道。——译注

[4] Philippi,圣经地名,希腊马其顿地区的古城,至今尚存其遗址。保罗曾在此地建立教会,参见《路加福音》3:1。——译注

[5] Thessalonians,帖撒罗尼迦人。帖撒罗尼迦(Thessalonica)是罗马帝国马其顿的首府。保罗离开腓立比后在帖撒罗尼迦建立了教会。保罗的《帖撒罗尼迦前书》和《帖撒罗尼迦后书》均与此地和帖撒罗尼迦人有关。——译注

[6] Ephesus,圣经地名,小亚细亚的希腊城市。保罗在此建立了教会。见《使徒行传》19:1。——译注

翰第一次被投进沸腾的油里,却毫发无损,于是,获得了赦免,放逐小岛。看看罗马教堂她学到了什么,教导了什么,甚至与非洲大陆上(我们)的教堂建立了什么样的合作关系!她所承认的就是一个上帝,主,宇宙的创造者,童女玛利亚(生下的)基督耶稣,造物主上帝的儿子;肉身的复活;通过由福音派教义的信仰者和使徒的著作所结合在一卷书里的法律和先知,她从中吸收思想养分,形成信仰。对此,她用(洗礼的)水来确认,与圣灵并列,喂以圣餐,用殉道业绩喝彩,她则不承认自己反对这样的、坚持为之的训导磨练。这种我不再说的训导磨练,早就预示诸种异端会到来,但是,异端由这种训导磨练出发,继续前行。不过,异端并非与她一致,而是与她对立的。甚至,毛糙的野橄榄会从硕果累累、丰满的真正橄榄树的胚芽上生出来,空而无用的野无花果会从最多汁、最甜美的无花果上长出来。各种异端,也以同样的方式,从我们的植物上出来,却不属于我们。(它们来自)真理的果实,但是,由于其诓骗性,它们可以展示的只是荒草叶而已。

第 37 章
持异端者不是基督徒,毋宁说是耶稣教诲的颠覆者。他们不可对基督圣经的经文提出认领似的要求。圣经经文好比是托付给教堂并由教堂小心保管的一种保证金。

情况既然如此,为了让裁决的结果是:真理属于我们,"像按照规则而行的过程那么多",教堂由使徒传下来,使徒由基督传下来,而基督由上帝传下来。因为,我们即使不使用圣经经文,也能证明持异端者与圣经没有丝毫关系,当有了决定——不允许持异端者指责诉诸圣经经文的行为之际,我们有这样的立场,理由是很清晰的。他们是持异端者,不可能成为真正的基督徒,因为他们只是出于自己的选择去追求而且最后得到了,而他们得到的并非源于基督,他们的追求招来了持异端者的称号,他们也承认这一称号。这样一来,既然不是基督徒,他们就没有权利要求得到基督徒的圣经经文,向他们这样讲是非常公平的:"你们是谁?什么时候又是从哪里来的?因为你们不是我们中的一员,你们和属于我的东西有什么关系呢?实际上,马西昂,你们有什么权利砍我的木头?瓦伦廷,谁给了你许可,把我泉水的溪流给改了道?阿佩利斯,你凭借什么力量,移走我的地标?这是我的财产。你们,还有其他人,为什么在这里随心所欲地播种并且吃喝?(我声明)这,是我的财产。我早就是它的主人,我早在你之前就拥有了它。我有这土地原属主人本人的确定无疑的所有权证书。我是使徒们的继承人。正由于他们小心谨慎地准备了他们的遗嘱和其他遗言,并托付给一个值得信任的人,还恳请受托人忠诚地执行他们的嘱托[1],我果然确实就成了它的主人。至于你们吗,使徒们肯定一直把你们当成权利遭受褫夺的人看待,把你们当成陌生人——敌人一样予以拒绝。然而,每个个体根据自己的意愿或者提出或者接受与使徒相反的学说,如果不是因为与使徒的学说有区别,持异端者在什么基础上成了使徒的陌生人和敌人了呢?"

第 38 章

教堂和圣经经文的和谐共存。持异端者篡改、肢解并改变了圣经经文。基督徒从来不修改圣经经文,经文总是为他们做出证明。

不管在什么地方,只要发现信条有了形形色色的差别,那么人们必定会认为存在着圣经经文及其阐释两方面的讹误。请把对实现信条的手段

---

[1] 对此《提摩太前书》5:21;6:13 以及《提摩太后书》2:14;4:1—4 都有所提及。

进行不同安排〔1〕的必要性放到其目的是进行不同传教活动的那些人身上吧。除了他们传教的方式有差别之外,他们不可能在其他别的方面造成传教中形形色色差别的后果。对于他们来说,如果不是手段也有了讹误,则信条中的讹误是不可能发生的。所以,对于我们自己也是,如果没有信条诸种管理方式的统一完整,信条本身的完整性也无法形成。在我们的圣经经文中,有哪部分是与我们相反的? 我们介绍的经文有哪部分是本应当事先就再次剔除,或者增加,或者更改,以便把与它相反,圣经经文又包含的部分恢复到它自然的合理性上面呢? 我们自己是什么,圣经经文也同样是什么,而且从一开始,(已经)是那个样子了。至于圣经经文,在随便别的什么方式存在之前,在你们篡改它们之前,我们与经文已经交融。由于如下明确的原因:篡改源于竞争,这种竞争无论在什么情况下都不会比它意欲竞争的内容在时间上更优先,更是在本地土生土长,所以人们必须相信,所有的篡改都是后来发生的;如今,有鉴于此,既然从一开始我们一直都在这里,而且是第一批来到这里,对每一位有常识的人而言,如果说似乎是我们把讹误充斥的文本引进圣经经文,其难以让人置信的程度就如同说他们明明比起圣经经文在时间上更迟,内容上又相反,却在事实没有做出篡改一样。一个人用自己的手把圣经经文推上邪路,另外一个人用阐释来歪曲经文的含义。尽管瓦伦廷似乎使用了整个卷宗,他还是将暴力的手伸向真理,只是动用了比马西昂更狡猾的心思和技巧而已。马西昂则明确地、公开地使用刀,而不是笔将圣经经文芟除刊落,只为了适用他自己的主旨。而瓦伦廷呢,则是回避这样的删削,因为他没有编造圣经经文以迎合他的主旨,而是调整自己的题材内容以适应圣经经文;但是他使用了消除每个特定词语真正意义的方式以及对许多实际上属于子虚乌有的内容增加了荒诞排列的方式,结果是:添加的或汰除的则更多更甚!

---

〔1〕 这里指新约,其安排当然与旧约有所不同。——译注

第 39 章

圣保罗所称的"属灵气的恶魔"是如何由非基督徒作者和持异端者展现出来的，展现的方式没什么两样。尤其容易受到异端式篡改的圣经为持异端者提供了材料，恰如维吉尔的作品一直成了文学剽窃的基本成分，而这类剽窃与维吉尔原文在主旨上是不一样的。

这些方法是"属灵气的恶魔"[1]的巧妙计谋，我的兄弟姐妹们，我们有理由预料到我们也需要用这样的计谋进行"斗争"，为了如下信仰这是有必要的：上帝的选民有可能得到彰显；被上帝摈弃的人会被发现。所以，这些计谋具有影响力，也有想出来错误和捏造出来错误的便利，我们无需因为看到非宗教的著作中也随时有类似便捷的例子就对此感到奇怪，仿佛这是个困难神秘的过程。在我们自己的时代你可以看到，一个从维吉尔[2]的作品创作出来，有着完全不同人物的故事，主题根据韵文来组织，而韵文又根据主题来组织。简而言之，霍西狄乌斯·盖塔[3]的美狄亚[4]悲剧几乎全部地是从维吉尔的著作中剽窃而来的。我自己的一个近亲，在他某些闲适笔墨中有一首诗"希比斯的桌子"[5]，就是袭用同一位诗人维吉尔而写出的。按照同样的原则，那些蹩脚诗人把从荷马的诗行中这个诗节或者那个诗节里（以混乱得五花八门的形式）抽出来的很多碎片接在一起而组成自己的那些残篇，最后七拼八凑成百衲风格的一首诗，因此被普遍地称作"荷马腔诗人"、"荷马只言片语的收集者"。那

---

〔1〕 《以弗所书》6:12。

〔2〕 Vergill（公元前 70—公元前 19 年），古罗马诗人，对欧洲文艺复兴和古典主义文学产生了巨大影响。——译注

〔3〕 Hosidius Gata，找不到来源，看来属于无名作家。——译注

〔4〕 Medea，是《希腊神话》中 Colchis 国王 Aeetes 的公主，曾帮助 Jason 取得金羊毛并与他私奔，后遭遗弃，愤而杀死女儿。她的故事为很多作家当成题材。古希腊悲剧作家欧里庇得斯就用她的名字作他悲剧的名字。此处这个末流的抄袭作家也使用了这一题材。——译注

〔5〕 *The Table of Cebes*，找不到来源，看来属于无名之作。——译注

么,由于这种便利,毫无疑问,出于各种资源的圣经经文更是硕果累累。鉴于我读到过这样的句子"一定会有异端,异端没有圣经经文不行"[1],我也不想冒自相矛盾的风险说,甚至圣经经文本身就是在上帝的意愿下,用为了给持异端者提供材料的方式而安排好的。

第40章
偶像崇拜和异端之间没有精神上的区别。在偶像崇拜的仪式中,撒旦模仿并歪曲旧圣经经文的神圣制度。基督教圣经的经文在各种持异端者的扭曲中被撒旦讹用。

问题就会出现了:对异端有利的经文段落其含义该由谁来解释? 当然,由歪曲真理的那些花言巧语所归属的魔鬼来解释,这位魔鬼通过他偶像的神秘仪式,甚至与上帝圣礼的精髓部分也要竞争。他也给一些人——就是相信他的人和他的忠实追随者——做了洗礼;他承诺利用(他自己的)洗礼盒祛除罪孽;如果我的记忆没有出错的话,(撒旦王国的)米特拉神[2]在他的士兵额头上烙下印记;魔鬼也庆祝面包的圣餐仪式,也引入基督复活的形象,在刀剑之前也绕了冠冕。对于(撒旦)限制他的主祭司只能有一次婚姻我们又应该说什么呢? 他也有他的贞女;他也有精通于禁欲的专家。假设现在我们脑子里萦绕着对于努马·庞皮利乌

---

[1] 《哥林多前书》11:19 的英文原文对这句话的引文 For there must be also heresies among you,that they which are approvesd may be made manifest among you 与这段汉译文庶几近之。英文的国际圣经协会版已经极少用 heresie 这个字眼,而用 differences 代之。根据上下文我们的译文只能"弃新图旧",依照旧版。——译注

[2] Mithra,波斯神话中的光明之神,是公元 2—3 世纪时罗马帝国广泛崇拜的对象。——译注

斯[1]的迷信,考虑他的神职、勋章以及特权,还包括他的献祭仪式,以及献祭活动本身时使用的器具以及容器,他的赎罪以及发誓时候的稀奇古怪的仪式……那么,对我们来说,这个魔鬼对犹太法出了名的古板严厉心摹手追,效法模仿,不就一清二楚了吗? 因为在他关于偶像崇拜方面,他的大目的是表达执行基督圣礼时所包含的全部过程的本身,在这一目的上他显示了他的模仿功夫。既然如此,当然,紧随而至的是,仍然具有同样天赋的同一个魔鬼,在把有关神圣过程和基督教诸圣的文件[2]进行调整,最后适应他那亵渎神灵、竞争对抗性的信条方面,是既下了决心而又获得了成功的! ——从诸圣的阐释中做出他自己的阐释,从诸圣的词语中找到了自己的词语,从诸圣的寓言中引出自己的寓言。那么,由于这个原因,谁都不用怀疑——是魔鬼将"属灵的恶魔",即异端的来源介绍给人类的;由于看到异端和偶像崇拜属于相同的唆使者,又都是偶像崇拜所从事的工作,因此谁也都不用怀疑——异端和偶像崇拜之间是没有区别的、不分轩轾的。他们要么伪称有反对造物主上帝的另外一个神,要么,即便他们承认造物主就是唯一的上帝,但还是把上帝当成与事实本身不相一致的灵体。结果就是,他们评论上帝的每一个谎言在某种程度上都是带有某种偶像崇拜的意味。

第 41 章
持异端者的行为:轻浮、追名逐利而又缺乏规范。他们的女人因为恣意妄为而声名狼藉。

我绝对也应该来描述一下持异端者的行为——多么地轻浮,多么地

---

〔1〕 Numa Pompilius,古代罗马七王相继执政的王政时代第二代国王(公元前715—公元前673年在位)。曾经创造了宗教历法并创建了各种宗教制度。——译注

〔2〕 这里指的是圣经的新约。——译注

追名逐利,多么地凡夫俗子,没有严肃性,没有威信,没有约束,只为了适应他们的信条而已。首先,谁是新入教的,谁是信徒,都值得怀疑;如果他们中间有随便哪一种这样的事情恰好发生的时候,他们——甚至包括不信教的人——的晋谒机会相似,他们所听到的内容相似,他们祈祷的方式相似。"他们会把圣物扔给狗,他们会把珍珠——尽管(当然)不是真的珍珠——丢到猪的面前。"[1]他们有一种愚蠢无知与推翻纪律和约束连在一起,而他们会把我们这一方对纪律和约束的关注称为卑鄙的迎合。他们与所有的来者都草率地形成平和气氛。如果只要能在一起密谋直捣唯一真理的堡垒,那么,不管他们对待各种问题的态度怎样地不同,对他们来说都无关紧要。所有的人都膨胀起来,都给你提供知识。他们中间新入教的人在受到全面教育之前就都已经"臻于完美"。这些持异端的女人是何等地恣意妄为啊!因为她们居然胆敢传教、辩论、实施驱魔活动,从事宗教监护——甚至还有可能给人施洗。她们对圣职委任的实施过程草率马虎、随心所欲而且变化无常。她们授予教堂职位的人有段时间里,是一些新皈依的教徒;另外一段时间里,是一些还没从非宗教职业上辞掉工作的人;还有一段时间里,是一些变节背教而离开我们的人;她们走在一起不是因为信仰真道,而是谋求沽名钓誉的虚荣。没有什么地方比在背叛者阵营更容易得到提升的了,仅仅呆在那里就可以当成头等重要的服务工作。所以,通行的情况是:今天的主教明天就换成了另外一个人;今天这个人是执事,明天就变成了读经师;今天是长老,明天成了普通信徒。然而即使是普通信徒,他们也会把祭司的工作委托给他。

---

〔1〕《马太福音》7:6。

第 42 章

持异端者致力于拆毁和破坏,而不是教诲开导和激励升华。持异端者甚至都不遵循他们自己的传统,与他们自己的创立者都三心二意。

　　然而,既然他们不以改变无宗教信仰的人使之皈依为业,而是扰乱我们的百姓使之叛离信仰,那么对于真道的服务我应该说些什么呢?这简直是他们设法攫住的荣耀——图谋让那些本来站着的人摔倒,而不是让那些摔倒的人站立起来。相应而言,由于他们图谋给自己做的工作本身的思想来源不是建立他们自己的社会,而是拆毁真道,因此他们破坏我们的大厦,为的是建立他们自己的大厦取而代之。只要将摩西律法、先知以及造物主的神性从大厦那里夺走,他们就没有别的障碍可言了。结果是,相比于在倒塌物废墟中的建设,他们更容易摧毁已经矗立着的建筑。正是因为着眼于这样的目的,他们才表现得谦卑、和蔼而又恭敬。否则,他们连对自己的领导者都不知尊重为何物。因此可以推测,在持异端者中,分裂很少发生,因为分裂即使存在,也不会是清晰明确的。然而,他们自己的统一本身就是分裂。如果他们不是甚至在自己人当中,突然转向,背离自己的规定,那我就大错特错了。每个人完全按照自己的脾气行事,更改他已经接受的传统——他更改的方式同往下传续传统的那个人一样:按照自己的心愿塑造传统。事物的发展就是对事物特性及其诞生方式的同时承认。瓦伦廷可以接受的,瓦伦廷派信徒也可以接受;马西昂已经做过的,马西昂派信徒也会认为公平合理——只要与他们自己的兴致相互一致,甚至更改信仰,他们也是可以欣然接受的。简而言之,只要透彻考察,人们就会发现,所有的异端在很多细节方面甚至与它们自己的创立者都心怀二志。异端中的大多数甚至连教堂都没有。无母、无家、无信条,遭人遗弃,他们在本质上的轻贱卑末中踉跄徘徊!

第43章
持异端者喜欢与浮躁轻飘之徒为伍，他们的传播与大公教真道正好相反，导致的结果是缺乏虔敬，真道不论是在宗教仪式还是在日常生活中，都在促进人们对上帝的敬畏。

这也一直是评论的一个主题，持异端者与术士、与江湖郎中、与占星家还有与哲学家多么极端频繁地进行交流啊！原因是，他们使自己致力于奇怪的问题中去。"你们寻找，就能找到"这个念头在他们头脑中无处不在。所以，从他们的行为性质本身就可以估计到他们信仰的质量。在他们的训诲中我们得到他们信条的索引。他们说不需要敬畏上帝，所以所有事情在他们的观念中都是自由的、不受约束的。然而，除了上帝不在的地方，人们到底在哪儿不敬畏上帝呢？上帝不在之处，真道也就不在那里。没有真道的地方，自然也就没有他们那样的训诲了。但是，哪里有上帝，哪里就有"对上帝的敬畏，这是智慧的开端"的说法[1]。哪里有对上帝的敬畏，哪里就有严肃，哪里就有光荣的、深思熟虑后的勤劳，哪里就有由忧虑而引起的谨慎，就有（对神圣牧师职位）考虑周到的任命以及小心维护的融洽关系，哪里就有良好服务后的职务提升，就有（对于权威所表示的）认真谨慎的服从，就有虔诚的参与，谦逊的步态，统一的教会，以及万事万物中的上帝。

---

[1] 《诗篇》111:10;《箴言》1:7。

第 44 章

异端削弱对基督的尊重，破坏对基督伟大裁决的所有敬畏。异端在有关信仰的严肃条款方面传播的倾向介绍。本篇论文是我们的作家关于某些别的反异端著述的介绍。

在我们中间存在更严格的训诲，题目中的如上说明正是真道的额外证据。在我们所有人必须站在基督的审判台前[1]，把我们的信仰本身放在所有事情之前和盘托出的时候——在把上帝的未来裁决记在心上的人之中，就没有谁可以从真道中有把握地改变方向。那么，已经玷污了信仰的那些人要说什么呢？——这些持异端者甚至对基督托付给他们的童女也会以与他们自己私通的名目进行诋毁。我猜想，他们一定会承认，涉及质问他们的那些堕落腐败并有悖常理的信条，或者有关他们是否应当回避及厌恶这些信条，基督或者基督的众位使徒都从来没有对他们发出过指令。也许，上帝及其使徒们实际上将会承认[2]应该归咎于自己和使徒，因为他们没有给我们提前的警告和指示。此外，涉及到每个异端神学家的崇高权威[3]，持异端者会拾遗补阙，加进去很多话——他们如何有力地强化了他们自己信条中的信仰，和他们如何让人起死还生，如何普渡众生，使患病者身体复原；如何预告未来，所以他们理所应当地被视为使徒。[4] 仿佛如下这个告诫也没有书面记录：要创造最大奇迹的很多人都会到来，以捍卫他们讹误布道的欺骗。所以，他们真地理应受到宽恕！然而，如果无论哪个人对那些关于主耶稣和众位使徒的文字和谴责留意的话，就应该对信仰的完整性立场坚定，我猜想他们冒着得不到赦免的巨大

---

〔1〕《哥林多后书》5:10。

〔2〕 Christian Classics Ethereal Library 版的编者提醒我们，要注意这段文字的强烈反语（strong irony）意味，否则这一章就很难索解。——译注

〔3〕 继续洋溢着强烈的反语意味。——译注

〔4〕 这里指出持异端者如何贪天之功据为己有的心理。

危险,当主耶稣回答:我坦率地预先警告你们,将有人冒我之名传授虚假的信条,也会有人冒先知和使徒之名这样做;对我自己的信徒,我给予他们职责,向你们传授同样的信条。但是,对于你们,当然不能设想^[1],你们会相信我。我曾经将福音书和所提到的(关于生命和信仰的)规则方面的信条给了我的使徒;但后来,我很高兴我对此做了相当多的改变!此前我曾将许诺一次复活,甚至是肉身的复活;但是再思考之后,我突然想到也许我无法遵守诺言!我曾经以降生于童女证明我自己,然而后来这似乎成了件丢脸的事情。我曾经说上帝是我的父亲,他是太阳和雨露的创造者;另一个更好的父亲收养了我!我曾禁止你们听持异端者的言语,但是这件事情上我错了!^[2]——这样的亵渎很有可能进入那些离开正路之人的头脑中,进入没有保卫真正的信仰不受危险围攻之人的头脑中。现在的形势是,我们的论文专著的确采取了反对这些异端的总体立场,用以表明,他们必须在明确的、公正的、必要的规则上受到批驳,无需与圣经经文做比较。余下的,如果上帝以其恩典予以同意,我们应该在不同的论文中对这些异端中的某一些给以回应^[3]。对那些相信真理,可能将空闲时间贡献到阅读这些(文字)上的人,希望平和以及上帝耶稣基督的福祉均将属于你们!

---

〔1〕 Christian Classics Ethereal Library 版的编者继续提醒我们注意其中的反语意味,甚至说这些话"沉浸在反语之中"(steeped in irony)。——译注

〔2〕 这里德尔图良意欲指出那些持异端者千方百计地用如上的话告诉人们主耶稣不能一以贯之(inconsistency)的险恶用心。——译注

〔3〕 德尔图良后来果然这样做了。写了很多驳斥异端的文字。——译注

驳帕克西亚

英文版由 Dr. Holmess 翻译，1966 年电子版由 New Advent，Inc 提供

第1章

撒旦反对真道的诡计。这些诡计如何采取了帕克西亚异端的形式。关于这一异端的传播记录。

魔鬼以各种各样的方法挑战并反抗真道。有时候他的目的是用为真道辩护的方式摧毁真道。他坚持的论点是：只有唯一一个主——世界的万能创造者，为的是从这个唯一性的信条中编造出一个异端。他说，圣父自己降临到童女腹中，童女所生的就是他自己，圣父亲身受苦，确确实实，他就是耶稣基督自己。在此处，撒旦这个昔日的蛇形恶魔自己露出了真相，因为，在约翰受洗后，他曾经引诱基督，他接近基督并称之为"上帝的儿子"；当然是暗示上帝有一个儿子，他当时甚至就是从圣经经文本身的证词中，编出来他的诱惑，说道："你若是神的儿子，可以吩咐这些石头变成食物。"[1]又说："你若是神的儿子，可以跳下去，因为经上记着说：主将要为你吩咐他的使者"[2]——毫无疑问，"他"指的就是圣父——"使者用手托着你，避免你的脚伤在石头上。"[3]或者，也许他只是用一个谎言来指责《新约》里的那些福音，事实上是在说："把马太带走，把路加带走！为何关心他们的话？别管他们，我声明，我接近的就是上帝他本身，我想要面对面的就是万能的上帝他自己；我之所以接近他，就是为了引诱他，没有其他目的。假如，相反，他只是上帝的儿子，极有可能的情况是，我永远不会屈尊跟他打交道。"然而，魔鬼自己从一开始就是说谎的[4]，不管他以自己的方式对什么人进行煽动教唆，例如，对帕克西亚。因为帕克西亚是第一个从亚洲将这种异端的堕落引进罗马的，在别的方面，他性格焦躁不安，更重要的是，由于他只是而且单单是曾经必须忍受一小段时间监禁

---

[1]《马太福音》4:3。
[2]《马太福音》4:6。
[3]《诗篇》91:11—12；《马太福音》4:6。
[4]《约翰福音》8:44。

的恼火,他就因为其忏悔者的骄傲而自我膨胀起来。在这样的情况下,即使"他舍出自己的身体叫人焚烧,也对他无益",他没有上帝的爱[1],而他所拒绝了的并破坏了的上帝的恩赐正是爱。在罗马主教承认孟他努[2]、百基拉[3]和马克西米拿[4]先知恩赐后,作为承认的结果,罗马主教把和平赠与亚细亚和弗吕家[5]的教堂。但是,撒旦,纠缠不休地竭力主张用假指控反对先知们自己和先知的教堂,并坚持凭借教区内主教的前任们的权威,迫使罗马主教召回了那封已经发出的和平信件,并且停止承认上述的先知恩赐行动。就这样,帕克西亚在罗马为魔鬼立下了双重功劳:他既驱逐了先知预言,迎来了异端;又赶走了保惠师,把圣父钉死在十字架上。虽然许多人还沉睡在对教义的无知之中,而帕克西亚的稗子[6]已经更广泛地播撒了,甚至也在这里结了果实;但是在上帝很高兴地使用了帕克西亚自己的能动作用发现并且揭露了这些稗子之后,它们实际上似乎已经被拔了出来。确确实实,帕克西亚已经有意恢复了他旧的(真)信仰,在摒弃错误后也开始传授这一信仰;并且他自己手写的文字作为证据在以世俗头脑为特点的人当中流传,人心的相互作用在这些人的阶层之中发生了;后来,就听不到丝毫关于他的消息了。对我方来说,结果是在对圣灵的承认和坚持方面,我们的确从以世俗头脑为特点的那个人群中撤了出来[7]。但是帕克西亚的稗子已经把种子散播得无处不在,这些种子藏匿了一段时间,在伪装之下掩蔽着它们的活力,现如今,都已经迸发出

----

〔1〕《哥林多前书》13:3。

〔2〕 Montanus,小亚细亚弗吕家的基督徒,自称有先知恩赐,与两个妇女百基拉和马克西米拿一起预言有基督再临。他的思想后来发展成孟他努主义。——译注

〔3〕 Prisca,见上注。

〔4〕 Maximila,见本页注2。

〔5〕 Phrygia,圣经地名,在现今的土耳其境内。使徒保罗曾经拜访过那个地区的如歌罗西等等。——译注

〔6〕 关于"稗子"请见《马太福音》13:25以及本书《反异端的法规》第31章的内容。——译注

〔7〕 这句话指德尔图良从与罗马主教的融洽关系中撤了出来。——译注

鲜活的生命。但是,主耶稣如果有意,即使是现在,也可将它们连根拔起;不过如果不是现在,那么在所有稗子都一扎扎捆到一起的时候,连同其他的每一块绊脚石,都将被无法扑灭的大火焚烧净尽[1]。

第 2 章
大公教关于三位一体以及统一性的教义,有时候亦称之为神圣安排,或者是神性的位格关系分配。

在时间的流程中,圣父真地降生了,圣父受难,上帝本人,那个万能的主,在他们布道过程中,他们都称他为耶稣基督。但是,正如我们一直所做的,特别是自从把我们真正带领到一切真道中的圣灵更好地指引我们以来,我们相信只有一个上帝;不过根据下面的分配,或者叫做安排[2]——这独一的上帝也有一个儿子,是他的道,道出自上帝,万物由他创造,没有他就没有万物。我们相信,他就是圣父送到童女腹内,再由她生出来的——既是人也是上帝,既是人子,也是上帝之子,我们称之为耶稣基督;根据圣经经文的记载,我们相信他遭受痛苦,死了,然后被葬,然后,圣父又将他起死还生,带回天上,坐在圣父的右手边,基督将审判活着的人和死去的人;根据圣父自己的应许,圣父从天国遣来圣灵,就是保惠师,作为那些相信父、子以及圣灵的人们的祝圣者。这个信仰的法则是从福音书的最开始传给我们的,甚至早于所有更久远的持异端者,远远早于帕克西亚这个往昔历史的冒充和僭越者——这一事实是显而易见的,不仅决定于作为诸种异端标志的时间上的姗姗来迟,而且决定于帕克西亚这个新派人物绝对全新的特征。根据这个原则,我们还必须找到有着同

---

〔1〕《马太福音》13:30。
〔2〕 Oikonomia,这个词有不少研究论文或译著译成“经世”,我们参照陈泽民等翻译的《基督教思想史》把它译成“安排”。——译注

等威力的推定原则用以批评所有的异端——无论什么,最先的就是真的,而在时间上是后来者的是假的。不过,恪守这个规定性的推定原则,人们还必须把某种机会给予对持异端者声明所做的回顾和审查,目的是给不同的人以指引和保护;如果情况仅仅是,对真理的每次歪曲在没有经受检验的情况下就受到谴责,甚至是凭臆想就预先判决,特别是关于这个异端的情况就尤其应当给机会对它进行回顾和检查,因为这个异端认为自己握有纯粹的真理,认为一个人如果信仰"只有一个上帝"的观点,那么信仰方式就只能说父、子以及圣灵是同一个位格。使用这种信仰方式,仿佛一就不是三者全部,理由是,三者全部是源自于一,(就是)统一性源于实质。然而,分配的奥秘仍然是受到保卫的,将统一性分配到三位一体之中去,把三个位格按照次序——圣父、圣子和圣灵进行安排;然而,这里的三位,不是指其身份,而是指其等级;不是在本质上,而是在形式上;不是在其权能上,而是在其表现上;但是,就其同一实质、同一身份、同一权能,那就是一位上帝,就其等级、形式和表现而言,就有圣父、圣子以及圣灵的名义。这三者何以有数字的变化却不能分割,在我们论文展开论述过程中会有说明。

第3章
各类普遍的恐惧和偏见。从这些误解中得救的统一性中的三位一体教义。

事实上,单纯的信徒(我不会说他们是不明智的或者无知的),总是构成信仰者的多数,他们对于(三合一的)安排会感到吃惊,理由是:他们信仰的法则本身使他们从相信世界上的众多神明中退出来,继而相信唯一一个真正的上帝;却并不明白,虽然他是唯一的上帝,但是人们还得相信他有自己的安排。他们认为三位一体的数字顺序和三位一体的分配会成为神性统一性的分裂；然而，源于三位一体的统一性远不是遭到破坏，而是得到三位一体的支持。他们不断抛出观点反对我们，说我们是宣扬两个或者三个上帝，而他们则是把只崇拜一个上帝的光荣突出地归于自己；就像没有理性演绎的统一性本身没有产生异端，而以理性思考为特点的三位一体构成了真理一样。我们说他们坚持"唯一"[1]（或者叫做上帝的独一无二的管理）。那么，就发音而论，就连拉丁人（也是无知的人）发 m 音的方法也让你以为他们对于 monarkia（也叫 Monarchy）"唯一"的理解与它们的发音一样完整。呵呵，其实拉丁人很难发 monarkia（唯一）这个词的，而希腊人甚至拒绝理解（三合一的）"安排"（oikonomia）或称"分配"。然而，我自己呢，如果我对这两种语言不管哪一种有些许的了解，我肯定 monarkia 这个词的意思除了表示唯一的、独一的统治外没有别的意思。但尽管如此，这个"唯一"并不因为它的含义是独一的统治，就不承认这个独一统治的管理者有儿子，不承认他已经让自己成为他自己的儿子，不承认他通过一些代理人管理他的"独一统治"。犹有甚者，我坚决主张，没有什么统治可以仅仅属于一个人，而且是他自己的，或者在独自的含义上，在独一统治的含义上，没有什么政体是归于他自己而不通过别的一些人共同管理——这些别的人同这一政体紧密相连并且接受安排，成为政体内自己的官员。进一步说，如果有一个儿子属于某个人，而这个人拥有一个独一统治，那么这一政体并不马上就会分裂，而随之不再以独一政体的身份而存在；如果这个儿子也成为这一政体的权利分享者，但是就来源而言，权利也同等地属于他，通过他，政权由他儿子共享；因为政权是由两个不可分割的人结合在一起，因此这个政权作为独一政权（或称作独一王朝），与他在没有儿子分享权力的时候在程度上则是伯仲之间，相去无几。所以，由于上帝的"神圣唯一"（它的非宗教字面意义：神圣独裁）也由数量

---

〔1〕 Manarchy，也叫 monarkia。这个词有不少译名，如"神性统一性"、"独一性"、"独一神论"等等，我们参照陈泽民等翻译的《基督教思想史》把它译成"唯一"。——译注

众多的天使管理,根据记载,"事奉他的有千千,在他面前待立的有万万",[1]即便是这样的情况也没有终止上帝唯一的管理(终止了就应该不再是唯一),因为有数以千计的权能进行管理;在上帝并没有因为为数众多的天使而遭受分裂或者离析的同时,怎么能够认为上帝在他儿子和圣灵那里遭受了分裂和离析呢,须知分配给圣子和圣灵的地位是高居第二和第三啊,而且他们与圣父在本质上是紧密相连的。你真地认为,那些天然地属于圣父自身本质的成员,作为上帝之爱的保证者、上帝强大力量的重要因素,而且甚至是上帝之力的本身,并且构成上帝"唯一管理"这个完整的体系,会成为这一切的推翻者和破坏者吗?你倘若这么想就不对了。我希望你能够在 monarkia(唯一)这个词的含义上而不是发音上动脑筋而深长思之。现在你必须理解"唯一管理"的推翻是这样的,当另外一个拥有其自身特有构架和状态(所以可以称之为对手的)管辖权,被带进来并位居"唯一管理"之上:例如,就像马西昂所主张的那样,引进与上帝相反的别的某个上帝,与造物主对立;或者就像瓦伦廷派和普罗迪克[2]派的主张一样,引进许多上帝。这个时候,才是推翻了"唯一管理",因为这两种情况涉及的是对造物主上帝的毁灭。

第 4 章
神性的统一以及"神圣存在"的至高无上地位和独一管理。大公教教义根本没有损害的"唯一性"。

至于我,通过从圣父的本质而不是别的来源推理,推出圣子(以代表

---

[1] 《但以理书》7:10。
[2] Prodicus,瓦伦廷同代的异端派。——译注

圣父);圣子不会在没有圣父旨意的情况下擅自做事,而且,由于从圣父那里得到所有的权能,因此,当我保持对于圣子的信仰正如圣父委托给圣子的信仰时,我怎么可能破坏信仰的唯一性呢?涉及神性第三等级,我希望我也正式地做出的同样的评论,因为我相信,圣灵通过圣子来自圣父,别无其他源头。那么仔细研究一下吧,当你推翻唯一性的安排和分配之时,破坏唯一性的不是你,这样的唯一性正是以取悦上帝,使上帝欣然使用的各种名义而构成的。然而,尽管已经把三位一体引进唯一性里,唯一性在自己的状态中仍然坚定而又稳固,以至于圣子实际上需要完整地把它归还到圣父那里;甚至使徒保罗在使徒书中关于所有事情的最后结果本身也这样说过:"把国交与圣父上帝,因为他必要作王,等待上帝把一切仇敌都放在他的脚下。"[1]当然随后而至的是《诗篇》:"你坐在我的右边,等我使你的仇敌作你的脚凳。""万物既服了他(将万物置于脚下的上帝除外),那时,圣子自己服从上帝,叫万物服从上帝,叫上帝在万物之上,为万物之主。"[2]于是,我们可以看出,尽管现在是由圣子管理,但圣子并不是唯一性的障碍;因为唯一性虽然由圣子管理,实际上还是处于自己的状态之中,而唯一性在这一状态下将由圣子交还给圣父。所以,承认圣子同唯一性的关系,没有谁能损坏唯一性,因为唯一性是圣父委托给圣子,不久以后,还必须把它上交圣父,这一点是肯定的。现在,通过受圣灵启示的使徒所写的使徒书中的这个段落,我们可以展现:父与子是分别的两个位格,不仅仅因为在提到他们的时候分别用圣父与圣子的名字,而且还根据如下的事实:那位将神国上交的以及神国上交时那位接受的——同样,使得万物臣服的那位和万物所臣服的那位——必定是两个不同的灵体(beings)。

---

〔1〕《哥林多前书》15:24—25。

〔2〕《诗篇》110:1;《哥林多前书》15:27—28。

第5章

圣子或者上帝之道的演变是由圣父经神圣的过程发生的，是由人的思想和意识的运作来表现的。

  既然圣父与圣子必须是两位而形成一位，所以圣父才会被认定与圣子相同，那么，检验对于涉及圣子的全部问题显然是正确的，例如他是否存在，他是谁以及他存在的模式。那么，事实本身将会保证圣经经文对他的认可并认可捍卫经文的那些解释。有些人甚至断言《创世记》是用希伯来文开头的："起初神为自己创造一个儿子。"由于这一说法没有根据，我于是被导入了源于上帝自己安排的其他辩论之中，上帝的安排中，上帝在直到他儿子那一代创造了世界之前就已经存在了。在万事万物开始之前，只有上帝独自一位，他在宇宙、太空以及万物中自有并且自为。此外，说只有他独自一位，也是因为除了他自己之外，宇宙洪荒，一无所有。然而，即便是那个时候，他也不是孤独的；因为他具备心中他拥有的东西，也就是，他的"理智"。因为上帝是理性的，而理智一开始就在他心中；所以万物都来自于他。这个理智就是他自己的 Yought（或称"意识"），希腊人称之为"逻各斯"[1]，就是凭借这个专有名词我们指定了道或称话语[2]，因此，现在，由于对专有术语仅仅做一个简单的解释，说起道在远古的开始与神共存，对我们人类来讲就习以为常了，尽管认定"理智"这个术语相对更为古老才更加合适，原因在太初时尚没有道，但是在太古之前上帝就已经拥有理智；也因为道本身就是由理智构成，这证明了理智作为其自身的本质一直是一种居先的先在。并不是说这个区别有什么实际的重要

---

  [1] logos，希腊语音译词，主要指英语中的 Word，在圣经的新约中，《约翰福音》1：1—14以及《启示录》19：13等处所用的"道"均是指英语中的 Word 和希腊语中的 logos。但是正如下文所说，有时候，此词也用来指范畴更大的"话语"。

  [2] discourse，有连贯性和完整性的较大语言交际单位，包括段落以及整篇文章等。在新约圣经鉴别学中，这个词是指在《约翰福音》等中的耶稣教导。——译注

性。因为上帝在没有发出他的道之前,他在内心深处仍然拥有它,伴随并包含在他的理智之中,因为他在自己心中默默地计划并且安排万事万物,以后则要通过自己的道而表达出来。在他用自己的理智这样计划并且安排的时候,他实际上正在使用道和话语的方式使之成为道。首先,从你自身考虑一下,是谁被"按照上帝的形象和样式"[1]创造成的,为什么你内心也具有理智呢,你是一个理性的生物,不仅仅由于你是由一个理智的发明者创造出来,而且实际上还由于你是根据上帝的本质赋予生命的,这样,你可能更容易随时理解上帝的道和理智等的关系。那么,仔细观察如下的事实吧,当你内心安静地与自己交谈,恰好这个过程就是按照你的理智,在你身上发生的,每一个思想的片刻,每个观念的搏动,都相应产生一个道与你相遇。无论你思考什么,都有一个道;无论你构思什么,都有个理智。你必须在你的头脑中讲它;而当你讲话的时候,你就承认了你讲的话就是你被卷入其间的对话参与者,话中就有这个理智本身,当你和自己的道在思想中交谈的时候,你(作为回报性行为)通过同自己的道交谈而产生思想。如此一来,在某种程度上说,道就是你中的第二位格,通过这个第二位格,你在思想上做出发言,你也(通过过程的回报性)以发言方式产生思想。这道本身就与你自己互不相同。鉴于上帝心中有理智存在,即使在他沉默的时候,他的道都包含在他的理智中,连你都被认为具有"上帝的形象和样式",此时所有这一切多大程度地更全面地在上帝心中商议啊!于是,我可以毫不轻率地首先(当作一个固定原则)将这一点摆在桌面上,也就是,即便在上帝创造宇宙之前,他也不是孤立的,因为在他心中,他既拥有理智,也拥有理智中所固有的道。而他把这个道在他自己心中激发,将它摆在仅次于他之后的第二位置。

---

[1] 《创世记》1:26。

第 6 章

上帝的道也是上帝的智慧。根据神圣的计划，智慧出发去创造宇宙。

上帝神圣智慧的力量和安排在圣经经文中也在索菲亚[1]——智慧的名下展示了出来；除了上帝的理智和上帝的道，还是什么更有资格称之为智慧的吗？那么就听听以第二位格的身份形成的智慧她自己的话吧："在耶和华造化的开头，在太初创造万物之先，在大地没有创造之前，在大山未曾奠定，所有小山未有之时，主已经创造了我。"[2]就是说，他在他自己的智慧中创造并生成了我。然后，请再次观察在智慧和主之间的相伴过程中所包含的二者间的区别吧。智慧说，"主立起高天之时，我和他一起在那里，在上方他倚重云上之风使苍穹坚实稳固，在高天之下他使源泉和万物牢不可破，我在那里与他一起铺排安置万物，我在那里承他惠爱，而我也因为他在身边而每日欣喜欢虞。"[3]主同智慧的理智和道共同合作，将上帝心中已经计划和指挥的万物置于它们各自不同的本质和形式之中，因而刚刚令上帝有陶然之乐以后，为了让他已经计划并处理好了的万物都创造出来，——是的，按照上帝原来心中的想法和聪明才智已经创造出来了，——上帝在他心中有其不可分割的理智和智慧，于是就首先自己把道传送出去了。然而，道还是万物所缺乏的，万物还应该受到普遍的了解，并永久保持在它们适当的形式和本质之中。

---

[1] Sophia，智慧女神。此词源于希腊语，意为智慧，特别是神的智慧。——译注
[2] 《箴言》8:1、22—25。
[3] 《箴言》8:27—30。

第7章

（根据人类不完善的思想和语言），圣子被选定为道和智慧，有可能仅仅被认为是一种属性。他表现为一个位格的存在。

那么，因此上帝说"要有光"[1]的时候，道自身是否也采取他自己的形式，穿上辉煌的服装，发出他自己的声音和有声话语呢？这就是道的完美诞生——是从上帝那里出发，在智慧的名义下，由上帝首先设计并思考出万物而形成的——"在耶和华造化的开头，在太初创造并形成了我。"[2]随后，生了我，使万物生成——"他立起高天，我和他一起在那里。"[3]随之，这就能使道与上帝平等：他从上帝中产生，成为上帝的头生子，因为他在万物诞生前生出来[4]；同时又是生下来的唯一的一个，是上帝以他自己独特的方式，犹如从子宫一样从他自己的心中把他生出——即便是圣父自己也如此证实，"我的心，"他说过，"我的心发出最优秀的道。"[5]圣父肯定由于圣子而心怀喜悦，圣子也由于圣父的存在而怀有对等的欣喜。圣父说："你是我的儿子，我今天生你。甚至是在晨星出现前我已经将你生下来"[6]。儿子同样认同父亲，在智慧名下，以自己的位格亲口说："主着眼于他的事功，在造化的开头创造了我；在所有山川诞生前我已经生出。"[7]在这段文字中如果智慧确实似乎说，是主着眼于自己的事功，把她生下来，并且完成他的创世活动，而在圣经的另一经文中则提

---

〔1〕《创世记》1:3。

〔2〕《箴言》8:22。这里的"我"指智慧。——译注

〔3〕《箴言》8:27。

〔4〕《歌罗西书》1:15。

〔5〕 这是英文原版《诗篇》45:1原文的直译。新泽西国际圣经协会版已经改成 My heart is stirred by a noble theme as I recited my verses... （和合本的译文是："我吟出诗篇时我心里涌出美辞"）。——译注

〔6〕《诗篇》2:7。

〔7〕《箴言》8:22、25。

供了证据:"万物由道创造,没有道,就没有万物。"[1]另外一处经文再次说,"天由道建立,其中的所有力量都来自道的灵。"[2]——就是说,是道中的圣灵(神圣的天性),那么明显的事实是不是:在以智慧的名义下描绘的一处圣经经文所据有的力量就是同一力量,在另外一段经文中,在道的名下,是为上帝的第一事功而开启的[3]?上帝的事功"使苍穹稳固"[4]"万物藉此得以创造出来"[5],"而没有它们,就一物也创造不出来"[6]。在这点上,就仿佛在智慧和理性的名下,在整个神圣灵魂和圣灵的名下[7]所论及的道不是道本身,——我们无须继续强调。道也成为上帝的儿子,在道从上帝那里出发时,上帝生出了道。(你会问)那么你是否假定,道就是某一种本质,是由圣灵和智慧的传播所形成的呢?我当然是这个意思。但是你不会让道通过拥有自己的本质而成为一个真正本质性的实体;如此一来,他就可能被认定为一个客观存在的事物和位格,这样就可以(由于占了次于上帝圣父的第二位置而)成为两个关系,圣父和圣子,上帝和道。因为你会说,一个词语是什么?不过是声音以及嘴发出的声响,(犹如文法教师所教的那样)是空气冲击耳鼓,耳朵可以理解,但是对于耳朵之外的其他部分来说,则是一种虚无的、空的、无物质形式的东西。而我,正相反,我主张,由于看到,在一切空的虚无之物中是什么也不会有的,因此从上帝那里来的一切都从来不会是空的虚无之物;来自一种如此了不起的本质而且创造出这样一些强有力的本质的本体是不可能没有本质的,原因是,通过上帝创造的一切,都是上帝自己(亲自)创造的。那么没有他则一物都无法创造的上帝自己怎么可能是虚无的?如果上帝是空

[1]《约翰福音》1:3。
[2]《诗篇》33:6。
[3]《箴言》8:22。在上述国际圣经协会版中还有"事功"(works)一词,但是和合本的译文没用"事功"一词。——译注
[4]《箴言》8:27。
[5]《约翰福音》1:3。
[6]《约翰福音》1:3。
[7] Christian Classics Ethereal Library 版的编者认为,以上两个术语深层内容相同。

的,他怎么能已经创造出坚实强固的东西,如果上帝是虚无的,他怎么能创造出丰满充实的东西?如果上帝是没有物质形式的,他又怎么可能创造出有实体的东西?尽管上帝的创造物有时候可能与他不一样,但是空而虚无之物是什么也创造不出来的。那么,人们称为圣子,而又被定为上帝的,即上帝的道,会是空而虚无之物吗?"道与上帝同在,道就是上帝"[1],有话这样写道,"不可妄称耶和华上帝的名"[2]。这个肯定就是他,"他本有上帝的形象,不以自己与上帝平等为攘夺。"[3]上帝是什么形象呢?当然他的意思是某个形象,而不是没有形象。尽管"上帝是灵"[4],但是谁会否定上帝是有躯体的呢?因为"灵"有其自身种类的实体性本质和形象。现在,即便是肉眼看不见的事物,无论它们是什么,在上帝心中都有它们的本质和形式,通过它们的本质和形式为上帝自己所能见到,上帝从他自己的本质中传送出去的一切还要有多少会是没有本质的呢!所以,我选为一个位格的这个道,无论其本质是什么,我为它认领圣子的名字,在我承认圣子的时候,我断言他的卓越之处仅次于圣父。

第8章
虽然圣子或称上帝之道源于圣父,但是圣子并不像瓦伦廷的"流溢说"所讲的那样与圣父分离。圣灵也不与圣父分离。来自自然的例证。

如果无论哪个人根据这一点认为我在介绍某种"延伸学说"[5]——

---

〔1〕 《约翰福音》1:1。

〔2〕 《出埃及记》20:7。

〔3〕 《腓立比书》2:6。

〔4〕 《约翰福音》4:24。

〔5〕 probolh, Christian Classics Ethereal Library 的编者对此词的解释是,此词可以指所有本质中延伸出来的东西,例如果树可以"引申"出水果,太阳可以引申出光线等等。——译注

也就是说,从一件事物到另外一件事物的延伸,就像瓦伦廷在"永世"之后一个接一个地列出另一个永世一样[1],那么,下面就是我给你的第一个答复:不应该因为异端也使用"延伸学说"这个术语,真道就避免使用它,避免论及它的现实状况和含义。事实上,异端为了能把这一术语铸造成自己的赝品,把它从真道中取出来为自己所用。那么上帝之道是否已经发出了呢? 就在这个问题上请你采取与我相同的立场,不要退缩。如果道已经发出,那么你就要知道真正的教义会有伸展;不用理会异端,异端在各种情况下都会模仿真道。现在的问题是,各方都是从什么意义上使用一个特定的事物,并使用表达这一事物的词语呢? 瓦伦廷把延伸说法与其说法的作者分离开来,把延伸置于距离真道过于遥远的位置,以至于使他的"永世"学说根本无从了解圣父:瓦伦廷的确渴望认识道,但是他做不到;不但如此,他几乎被吞食、溶解在其余的物质之中。而在我们这里,至少圣子自己知道圣父[2],并让自己进入"父亲的怀抱里"[3]。圣子也与父亲一起听到并看到万物;他也谈论[4]他一直接受圣父命令的一切。他从一开始就最熟络了解并完成的功业都不是他自己的意愿,而是圣父的。[5]"除了上帝的灵,什么人能够知道上帝心中的万物?"[6]但是,道是由圣灵形成的,而且(我如果可以这样表述自己意思,)圣灵是道的躯体。所以,道,一方面永远在圣父心中,就像他说的"我在父里面"[7],另一方面他一直与上帝同在;根据文字记载,"道与上帝同在"[8]。因为"我与父原为一。"[9]所以从来不曾与圣父分开,或者自外于圣父,这就是由

---

〔1〕 AEon,请参见前书《反异端的法规》p.42 注[6]。——译注
〔2〕 《马太福音》11:27。
〔3〕 《约翰福音》1:18。
〔4〕 《约翰福音》8:26。
〔5〕 《约翰福音》6:38。
〔6〕 《哥林多前书》2:11。
〔7〕 《约翰福音》14:11。
〔8〕 《约翰福音》1:1。
〔9〕 《约翰福音》10:30。

真道教导出来的延伸,是统一性的守护者,在这里,我们声明圣子是圣父的延伸,没有与圣父分离。圣灵也声明说,上帝发出道,就像树根伸展成大树,泉源生出江河,太阳射出光线。本质是树根等等出发的起点,大树等等是本质的"延伸",或称"流溢"[1]。我的确不应有丝毫犹豫地把大树称为根的儿子或者后代,把河流称为源泉的儿子和后代,把光线称为太阳的儿子和后代,原因是无论哪一个最初的根源就是一位先辈,从这一最初根源产生的一切都是子孙。上帝的道更是如此,道实际上接受了圣子之名作为自己特别的称号。但是,树没有同树根分离,河水没有同源泉断开,光线也没有从太阳处割断,事实上,道也从未与上帝相隔。因此,依此类推,我坦言,我称呼上帝及其道为相异的二者,也称父亲以及其儿子为相异的二者。因为根和树是截然相异的二者,但是又彼此相依地连在一起;源泉和河流也是两种形式,然而不可分隔;同样,太阳和光线也是两种形式,但是彼此连缀衔接。任何一样事物,从某样事物发展出去以后,就必然成为此物的第二位,但并不因此而分离出去。然而,由于有了第二,就必然有相异的二者;有了第三,就必然有相异的三个存在。如今,圣灵的确是上帝及其儿子的第三位,就像树上的果实就是根的第三位,小溪就是源泉的第三位,光线的顶端就是太阳的第三位一样。然而,从来源处得到自己特征的万物都不能自外于最初的来源。同样,通过彼此相缠相连的步骤,以圣父为渊源的三位一体是根本不会干扰唯一性的,但是与此同时,又捍卫了三位一体神格安排(Economy)的状态。

---

〔1〕 emanation,根据"维基百科"的定义,"流溢"就是指古罗马普罗提诺(Plotinus)提出的如下宗教或哲学观点:万物从太一(One)、理智/意愿(intellect/will)和灵魂(soul)中流溢而出,从第一现实(First Reality)这一起点到终点就存在一个流溢过程。流溢后的结果比起原来的完美度和神圣度都有所降低。——译注

第 9 章

大公教的信仰法则——在其某些观点上的阐释,特别是在受到神佑的三位一体之中几个位格毫无混淆的差异中的阐释。

要永远牢记,以上就是我公开承认的信仰法则:我以此证明圣父、圣子和圣灵相互不可分割,那么你也就能够了解这些话是在什么意义上说出来的。请注意,我主张圣父是一,圣子是一,圣灵是一,他们之间是有区别的。这个声明很显然被每一个没受过教育和处世有悖常理的人做了错误的理解,仿佛它肯定了羼杂性,似乎是暗示圣父、圣子和圣灵间的分离。此外,我必须说,当他们(高度赞扬唯一性却以牺牲神的安排为代价)为圣父、圣子和圣灵身份据理力争的时候,说明子与父不同,不是以羼杂性而是以分工不同而论及;说明上帝的不同不是以分离,而是以其区别而论及;原因是圣父与圣子不一样,因为他们存在的方式彼此不同。因为圣父是整个本质,而圣子是由整个本质派生出的一部分,正如圣子自己所述:"父亲比我伟大。"[1]在《诗篇》中圣子如此形容他相对的低微地位:"比天使微小一点。"[2]所以,圣父是区别于圣子的,圣父比圣子更伟大,因为生育者是其中之一,而被生育者是其中另外一位;作为赐者,他是其中之一,而被赐者是另外一位;他作为创世者是一,而通过他创世所产生的是另外一位。让人高兴的是,主自己使用圣灵这一位格的表达方式,来表示(神性的诸种相互关系)不是分割或者断裂,而是这些关系的安排,因为他说:"我要求圣父,圣父就另外赐给你们一位保惠师……甚至是真理的圣灵"[3],这样就使圣灵与他自己有所区分,我们甚至也可以说圣子与圣父也有所区分;既然由于在安排中观察到的顺序,我们相信第二位是圣子,所以圣父所显示的是:圣灵排在第三位。况且,圣父和圣子都有不同的名

---

〔1〕《约翰福音》14:28。

〔2〕《诗篇》8:5。

〔3〕《约翰福音》14:16—17。

字这一事实本身不就等于在声明他们在位格上是不同的吗？当然，因为万事万物都有名字代表自己；它/他们是什么，或者将来会是什么，就会有什么称呼；况且以名字作为区分的方式，完全不会产生混淆，因为它/他们所表示的事物中不会有别的。"是，就说是，不是，就说不是；若再多说，就是出于那恶者。"[1]

第 10 章

圣父与圣子的名字本身证明了两者之间的位格区别。他们不可能是相同的，也不需要他们的身份来维持神圣唯一性。

所以，要么是圣父，要么是圣子，白天和夜晚也不是一样的；父也不会与子相同，理解的方式是：二者皆是一体，二者又都是对方——这就是最受夸赞的"唯一论论者"（Monarchians）所持的看法。他们说，他本身，让自己成为他自身的儿子。这样一来，父成为子，子成为父，于是，有着相互为源相互成为对方的这种交互关系的二者，又无论以什么方式都不能由自身使他们简单地建立如下的关系：父亲能使自己成为自己的儿子，而儿子还能让自己成为自己的父亲。上帝创建的关系，上帝也会捍卫。父亲必须有儿子，才可能成为父亲；同理，儿子一定有父亲才可成为儿子。无论如何，这就是，一个需要有什么，另外一个需要成为什么。例如，要想成为丈夫，我必须有妻子，我自己永远不能成为我自己的妻子。同理，要想成为父亲，我必须有儿子，因为我永远不可能成为我自己的儿子；为了成为儿子，我必须有父亲，我永远不可能成为我自己的父亲。正是当我拥有这些关系之时，这些关系使我成为我（的身份）：我有了儿子的时候，我成为父亲；我有了父亲的时候，我成为儿子。如今，如果我自己成为这些关

---

[1] 《马太福音》5:37。

系,则我不再是我自己;既不是父亲,——因为我是我自己的父亲;也不是
儿子——因为我是自己的儿子。更有甚者,我务必离开这些关系中的一
位而成为另外一位;所以,如果我同时成为两者,当我不具备另一位的时
候我则不能成为其中之一。因为如果我本身也是父亲的时候,我必须成
为自己的儿子,而我现在则不再拥有儿子,原因是,我是我自己的儿子。
然而由于我已经是自己的儿子,我没有儿子了,我又怎么能成为父亲呢?
要想成为父亲,我必须有儿子。因此,我不是儿子,因为我没有父亲使我
成为他的儿子。同理可证,如果作为儿子的我,自己是父亲,我就不再有
父亲,但是我自己正是自己的父亲。然而,因为我是我自己的父亲,则没
有父亲,我怎么能成为儿子呢?因为为了成为儿子,我必须有父亲。这
样,我就不能成为父亲,因为我没有儿子,只有儿子才能使我成为父亲。
所有这些一定是魔鬼的设计——把一个从另外一个之中排除和分离——
伪装为"唯一性",将两位同时包括在一位下面,魔鬼使两者都不被拥有,
都得不到承认,这样他既不是圣父,因为他的确不拥有圣子;他也不是圣
子,因为同理他也没有圣父;因为,他是圣父的时候,他不会是圣子。正是
以这种方式,他们拥有了"唯一性",但是他们既不拥有圣父,也不拥有圣
子。然而,"上帝无所不能。"〔1〕的确如此;谁会否认这一点呢?谁又会没
有意识到"在人那里不可能的,在上帝凡事皆能"〔2〕呢?"上帝也拣选了
世上愚拙的,叫有智慧的人羞愧。"〔3〕这些我们都是读到过的。因此他们
争执,对于上帝来说,使他自己既成为父亲又成为儿子并不困难,完全与
人类中万物的情况相反。让一个不孕的女人违反自然生了个孩子,对上
帝来说没有困难;让一个童女怀孕也没有困难。当然"对上帝来说没有难
事"〔4〕。但是,如果我们选择把这个原理越轨地而又贸然地用到我们变

---

〔1〕《马太福》》19:26。
〔2〕《路加福音》18:27。
〔3〕《哥林多前书》1:27。
〔4〕《创世记》18:14。

幻无常的想象之中,那么就有如下可能:我们喜欢什么就会让上帝做什么,理由是,对上帝来说这不是不可能的。然而,我们绝不可以因为他能成就一切,而设想他事实上做了他没有做的事。我们必须探讨他是不是真做了这件事。如果上帝当时愿意,他早就可以给人插上翅膀飞翔,就像他让风筝带上翅膀一样。然而我们不能因为上帝有能力这么做,就因此匆忙得出结论说他已经做了。上帝本可以将帕克西亚和所有其他异端者一举根除,不能仅仅因为他能这么做,就得出结论说,他已经这样做了。因为既有风筝又有持异端的人是必要的,圣父被钉死在十字架也是必要的[1]。从某种意义上说,有些事即使对上帝也是困难的——也就是他还没有做的那些事——不是因为他不能而是他不愿意做。因为对于上帝来说,有意愿就是有能力,不愿做的就是没有能力做的;所以他决意要做的事情,他都一直有能力完成并且业已展现了他的能力。所以说,如果上帝有意愿让自己成为自己的儿子,他在他权能之内这么做了;那么,如果他在权能之内做了,他是会实现这一目的的;如果你愿意向我们证明他实际上已经做了,那么你就会把对他的权能和他(甚至是做这件事)的意愿所做的证明做得出类拔萃。

第 11 章
帕克西亚所坚持的圣父与圣子身份的观点显得充满了费解和荒谬。我们引用的许多经文证明了三位一体神圣位格的区别。

那么,像我们尽可能通俗地证明上帝让他的道成为自己儿子一样,引用经文来提出自己的证明将会是你的职责。因为如果上帝把道称为儿子,而儿子不是他者,正是源于另外一个他,而且如果道是源于上帝自己,

---

[1] 德尔图良在这里对于帕克西亚的自相矛盾(paradox)持有嘲讽态度。——译注

那么他于是成为儿子,而不是源于他的那个自己。因为父亲自己并没有源于他自己。现在,既然你说父与子是同一位格,那么,你确实使同一个位格既已经从上帝那里发出上帝的这个灵体,同时又从上帝本身那里走出上帝的这个灵体。如果有可能这么做了,可是他在所有场合都没有这么做。你务必给出一个我要求你给的证据——就像我的证据一样,那就是(你必须向我证明)圣经经文上表现出儿子与父亲是同一个位格,就像我方证明的父与子各是独特的位格一样;我说独特,但不是分离的:因为在我方,我拿出上帝自己的话来证明:"我的心发出最优秀的道。"[1]所以,同理,你应该引用一些上帝所说的话来驳斥我,"我的心发出我自己,作为我最优秀的道。"即是有这样的意思:他自己既是信息发送者,同时又是接收者,他既发出,也接收,因为他既是道也是上帝。我敢打赌你一定也观察到,在我方,我提出父亲对儿子说的那段话,"你是我儿子,我今日生你。"[2]如果你想让我相信他既是父亲又是儿子,那就给我看看有关这个声明的别的段落,例如什么"上帝对自己说,我是我自己的儿子,今天我生了我自己",或者再来上什么"早晨之前我生下了我自己[3],"或者诸如此类的"主——我为了我的事功,我自己拥有创世之初;在所有山川之前,我生了我自己"[4],或者随便别的一些段落能够起到同样的功效。况且,如果当初事实果真如此,为什么万物之主的上帝自己不愿这样谈论自己呢?他是害怕如果他说那么多话来声明他既是父亲又是儿子,他就不会让人们相信吗?还是他无论如何都害怕的——撒谎?他也害怕他自己,害怕他自己的真相。因此,请你们相信他就是真实的上帝,我肯定,他除了按照自己的分配和安排外,不会声明有他物存在,我也肯定,上帝除了按照他自己的声明进行安排外,不会做丝毫别的安排。然而,对你方来

---

〔1〕《诗篇》45:1,参看 p.71 注 5。

〔2〕《诗篇》2:7。

〔3〕暗指《诗篇》110:3。

〔4〕暗指《箴言》8:22—25。

讲,虽然所有的经文都证明了三位一体(中的位格)清清楚楚地存在并有区别,而且确实给我们提供了信仰的法则,也就是:作为谈论者的上帝、作为上帝谈论内容所谈论的他、作为上帝谈论时听者的他不可能是同一个位格,如果上帝自己是自己的儿子,如果在这种情况下,上帝却让他儿子的这个角色由另外一个人扮演,那么你就必须把他说成一个谎言家、冒充者,竟然把自己的话篡改了。当他对自己说话之际,他倒是对别人说话,而不是对他自己说话,如此荒谬、乏味并让人误解的声明与上帝是不相称的。另外,再听听上帝通过以赛亚之口谈论他儿子的其他言语吧:"看啊,我的儿子,是我所选择的;这是我的爱子,我所钟意的"[1];"我已将我的灵赐给他,他必定把公理传给外邦。"[2]还再听听他对他儿子说的话吧:"作为我的儿子,使雅各的众支派复兴,使分散的以色列全得归回,是不是个大事业? 我还要让你做外邦人的光,叫你施行我的救恩,直到地之极。"[3]然后,你再听听儿子说的话是如何尊重他的父亲吧:"主耶和华的灵在我身上,因为他用油膏膏我,叫我传福音给人类。"[4]他用类似的话语在《诗篇》中对他父亲说:"求你不要离弃我,等我将你手臂的伟力指示后世的人。"[5]《诗篇》中的另外一首表达同样的主旨:"主啊,我敌人的数目何其加增?"[6]预示着基督位格的几乎所有诗篇都描述了与父亲交谈的儿子——也就是显示基督与上帝(的谈话)。也请观察圣灵是如何以第三位格的角色谈论圣父与圣子的吧:"耶和华对我主说,你坐在我的右边,等我让你的仇敌作你的脚凳。"[7]同样的文字出现在《以赛亚书》上:"于是耶和华对他的受膏者说。"[8]同一位先知以同样方式,向圣父说话,涉

---

〔1〕《马太福音》3:17。
〔2〕《以赛亚书》42:1。
〔3〕《以赛亚书》49:6。
〔4〕《以赛亚书》61:1;《路加福音》4:18。
〔5〕《诗篇》71:18。
〔6〕《诗篇》3:1。
〔7〕《诗篇》110:1。
〔8〕《以赛亚书》45:1。

及圣子："我们所传的有谁信呢？耶和华的肩膀向谁显露呢？我们传播关于他的事，仿佛他像小孩，像嫩芽，像根子出于干燥之地，他没有形体，没有秀丽容颜。"[1]这些仅仅是众多证词中的若干而已，我们并不想声称将圣经所有段落的文字都展示出来，但是，就像我们在其他几章中所引用过的作为他们尊严和权威的充分证据一样，我们在我们主题的各个要点部分都大量积累了语录类文字。然而，就是这些有限的语录引用已经将三位一体中的位格清晰地表现出来了。语录中有讲了话的圣灵，有圣灵讲到的圣父，有圣灵所讲到的圣子。同样，其他段落也建起了以他特别角色所论及的几个位格中的每一个位格——在一些场合提及圣子时，这些语录是或针对圣父或针对圣子而言；另外一些场合，涉及圣父时，它们是或针对圣子或针对圣父而言；另外还有别的一些例子，则是针对圣灵而言的。

第 12 章
引用圣经的其他语录用以证明神性中位格的复数特点。

如果三位一体这个字眼好像与简单的"统一性"毫无瓜葛，因此"三"这个的数字也冒犯了你，那么我就要问你，作为一个仅仅是并绝对是一个单一的灵体，上帝怎么可能像"让我们按照我们的样式造人，与我们相像"[2]那样用复数短语说话呢？上帝本来应该像他是独特的、单个的个体一样这么说"让我按照我的形象创造人类，与我相像"。然而，在下面的段落里，"请看，那人已经与我们相似"[3]，如果他仅仅是一个，是单数，他用复数形式说话，要么是在欺骗，要么就是跟我们逗笑了。或者，因为犹

---

〔1〕《以赛亚书》53:1—2。
〔2〕《创世记》1:2。
〔3〕《创世记》3:22。

太人承认的不是圣子,因此就恰如他们解释经文一样,上帝的话是说给他的使者们的啦? 或者,他这么说是因为他同时是圣父,是圣子,也是圣灵,所以他对自己用复数形式说话,由于这个缘故才让他自己成为复数的? 不是的。那是因为他儿子作为第二个位格,已经紧靠在他身边,他的道,也就是第三个位格,是道中的灵,所以他才特意地采用复数短语,"让我们……",然后用"我们的形象",继而用"与我们相似"。他是与谁一起造人的? 他让人像谁?(答案必须是)一方面是儿子——有朝一日被赋予人类性情;另一方面是圣灵,他使人类圣洁。在三位一体的"统一性"中,他和这两者,恰如他与他的牧师和证人讲话。在下面的文字中他也区分了位格:"上帝就照着自己的形象造人,乃是照着他的形象。"[1]如果造人的仅仅是上帝自己,如果他并没有按照另一个人的形象造人,为什么要说"上帝的形象",为什么不仅仅是"他自己的形象"呢? 然而,上帝造人是根据一个形象,那就是,基督的形象,基督有朝一日将(更确实更真实地)成为人,已经使人类的形象被称为基督的形象,然后将会由泥土成形——形象和外表成为真实完美的人类。圣经中关于此前世界的事功是怎么说的呢? 当圣子还未出现前,的确做了第一个声明:"上帝说,要有光,就有了光。"[2]上帝之道马上出现了,"那光是真光,照亮一切生在世界上的人。"[3]通过他,光来到人世间。上帝决意实施道中创世的那一刻,耶稣在场,为他执行牧师职务:于是上帝便这样创造世界。上帝说:"要有苍穹……上帝就造出苍穹。"[4]上帝又说,"(苍穹中)要有光;于是上帝造了大光,还造了小光。"[5]上帝创造了先前的那些事物,我指的是上帝的道。所造万物的其他部分他都以同样的方式创造出来。"万物是藉着道创造

---

〔1〕《创世记》1:27。

〔2〕《创世记》1:3。

〔3〕《约翰福音》1:9。

〔4〕《创世记》1:6—7。

〔5〕《创世记》1:14、16。

出来,凡被造的没有一样不是藉着他造的。"[1]那么如果道也是上帝,根据约翰的话,"道就是上帝"[2],那么你就有两个灵体了——一个发出命令:要创造出万物来;另一位执行命令:创造万物。然而,你要怎么理解他是另外一个灵体呢？我已经解释过了,是在位格而不是本质的基础上——是区分而不是分离。尽管在三个衔接着却不可分割的位格中,我无论身处何地都必须坚持唯一的一个本质,但从这个事情的必要性上来说,我还是必须承认:发出命令者与执行命令者并非一体。因为,事实上,如果他自己就是那个一直在执行命令而工作的人,他就不会一直在下达命令,而是命令他者执行。但是,他确实下达了命令,如果仅仅有他自己,他就不会向自己下达命令;要么就一定是他一直在没有命令的情况下工作,因为他不可能等待着对自己发出命令。

第 13 章
有关位格的复数性以及本质的统一性在圣经中各个章节中的证实。圣经里没有多神论,因为坚持统一性就是抵制多神论的好方法。

那么,你随之就会回答,如果他既是说话的那位上帝,也是创造万物的那位上帝,如此这般,一位上帝说话,一位上帝创造,(那)就宣告了有两个上帝。如果你如此鲁莽灭裂而又严峻凛然,就请你细想片刻;这样你才可以更进一步地深思熟虑,请听听《诗篇》吧,这里面有两者被描述为上帝:"上帝啊,你的宝座是永永远远的,你的王国权杖是正直的。你喜爱正义,憎恶不义之行,所以上帝就是你的上帝,用油膏给你润擦,或者让你成为他的基督。"[3]那么,既然他在这里与上帝说话,并且断言上帝让上帝

---

[1] 《约翰福音》1:3。
[2] 《约翰福音》1:1。
[3] 《诗篇》45:6、7;《希伯来书》1:8。

涂了油膏,因此,由于权杖高贵的权能,他必然确定有两个上帝了。同样,以赛亚也对基督的位格说:"身量高大的那些西巴人[1]必然投降你,他们必然戴着镣铐过来跟随你;他们将侍奉敬拜,因为上帝跟你在一起[2];你就是我们的上帝,只是我们以前还不知道;你是以色列的上帝"[3]。这里以赛亚也通过说"上帝跟你在一起"以及"你就是上帝"而提出两个上帝:在前面一个短语"跟你在一起",他指的是跟基督在一起,在另外一处他是指圣灵。在福音书中你会发现特意做出的还要更加庄严的陈述:"太初有道,道与上帝同在,道就是上帝。"[4]在这里,有一个"谁是",还有另外一个是他"与谁"同在。但是我在圣经中发现"主"(Lord)一词同时也指上帝和道双方:"耶和华(主)对我的主说[5],你坐在我的右边。"[6]以赛亚这样说:"主啊,我们所传布的有谁信呢? 耶和华的臂膀向谁显露呢?"[7]如果他不想让我们理解圣父是主,圣子也是主,他一定应该说"你的臂膀"。在《创世记》中我们也有古老得多的证明:"当时,耶和华将硫磺和火,从天上耶和华那里,降于所多玛[8]和蛾摩拉[9]。"[10]那么,你要么就拒绝承认

---

〔1〕 Sebaeans,"西巴"(Seba)即是人又是地方的名字。西巴是古实(Cush)的儿子,是含(Ham)的孙子,而含是诺亚的儿子(见《创世记》10:1—7)。——译注

〔2〕 原文是 God is in you,这里的 you 当指基督是单数,可是和合本译成了"神在你们中间",这个复数的"你们"应属错译。我们按照"国际圣经协会版"的 God is with you,译成"上帝跟你在一起"。——译注

〔3〕 《以赛亚书》45:14—15。

〔4〕 《约翰福音》1:1。

〔5〕 这里的原文和国际圣经协会版均用的是"The Lord said to my Lord"。以上的译文是和合本的译文,把前一个 Lord 译成了"耶和华"。——译注

〔6〕 《诗篇》110:1;《马太福音》22:44。

〔7〕 《以赛亚书》53:1。

〔8〕 Sodom,圣经地名,亚伯拉罕时代位于死海东南端的一座城。由于当地居民罪恶深重,上帝降下大火把它烧毁了。见《创世记》18:16、20、24。——译注

〔9〕 Gomorrah,圣经地名,也是上帝烧毁的一座城市,(见《创世记》9:24)经常和所多玛并提,是罪恶之城的代表。——译注

〔10〕 《创世记》19:24。

德尔图良著作三种

那是圣经；要么（让我问问你），你是什么样的人啊，竟然不认为词语应该在所书写的意义上认知理解呢？——特别是当这些词语不是用寓言或者格言方式，而是用确定简单的声明来表达的时候。确实，当主显示自己是上帝的儿子之时，如果你跟随那些没有容忍主的人，因为他们不相信他就是上帝，那么（我请你）和他们一起回想一下经文："我曾说：'你们是神，都是至高者的儿子。'〔1〕然后，"上帝站在众神的圣会中"〔2〕，为的是：如果圣经不是害怕把那些因信仰而已经成为了上帝儿女的人类称呼为神，你可以肯定，同样的圣经会更适当地把主的名字赋予上帝真实唯一的儿子。你说，很好！我应该向你挑战，要求从今天开始，（也以这些相同经文的权威）传布两个上帝，两个主，与你的观点一致。（我的回答是）千万别这样。因为在上帝的恩泽里，我们对神圣著作的时期和场合有洞察能力，特别有一点，我们是圣灵的追随者，而不是追随人类中的传教者，所以，根据引入了数字的那个神圣安排〔3〕的原理，毫无疑问，我们应当确定地宣布上帝是两个灵体，圣父与圣子，然后再加上圣灵，甚至是三个存在，目的是：也许像你不适当推断的那样，圣父自己不可能让人相信，是他被降生，然后受难——这样去信仰是不合理的，因为信仰并不是如此流传下来的。然而，有两个上帝或者两个主——这样的声明从来不会出自我们口中：并非仿佛圣父是上帝，圣子是上帝，圣灵也是上帝，他们都是上帝这个说法是不真实的；而是因为早些时候，实际上两者被说成上帝，两者被说成是主，当耶稣降临的时候他可能被承认是上帝，被叫做主，是上帝也是主的儿子。现在，如果在圣经经文中找到他既是上帝也是主的唯一的一个位格，那么，基督拥有上帝或者主的头衔得不到承认就是题中应有之意：因为（在经文中）有的地方声称只有一个上帝一个主，那么得出的结论，肯定是父亲自己降临到（地上），由于（在经文中）描述的只有一个上帝，一个主，

〔1〕《诗篇》82：6。
〔2〕《诗篇》82：1。
〔3〕 devine economy，指的是"三"的数字。——译注

86

那么他的整个安排（Economy）就显得晦暗不清，然而作为我们的信仰，上帝在神旨分配上的计划和安排具备清晰的远见卓识，像我们的信仰一样。可是，基督刚一到来，我们就把他视为那个位格的本身——他从一开始就造就了（"神圣安排"中的）复数情况，是他父亲的第二位格，而圣灵在第三位格，他宣布并表明圣父（比他自己从前所有的时间里）都更全面，同时是上帝又是主的头衔马上恢复到（神圣自然的）统一性上，原因是甚至外邦人也必须从他们的多偶像过渡到只相信一个上帝，目的是把崇拜一个上帝的人和多神崇拜者清晰地区分开来。因为唯一正确的情况是：基督教教徒在世界上以"光明的儿女"身份闪耀光芒，崇拜祈求他，而他是那个"世界之光"唯一的上帝和主。另外，如果从让我们确认上帝和主的头衔同样都适合圣父、圣子和圣灵的完美知识中，我们可以祈求复数形式的上帝和主，那么我们应当熄灭火把，应当变得没有那么多勇气忍受殉道者的折磨，一旦我们像相信不止一个神的各式各样的持异端者一样，向复数的上帝和主宣誓，那么逃避殉道者折磨的大门会无处不在地为我们敞开。所以，我根本就不会再谈论诸神或者诸主，我应该跟随使徒约翰；那样一来，如果我必须以同样方式求助于圣父和圣子，我就可以称圣父为"上帝"，称耶稣基督为"主"[1]。但是，当单独提到基督时，我可以称呼他为"上帝"，就像同一使徒保罗所说："基督是万有之上，永远可称颂的上帝"[2]；考虑到光束本身，我甚至应该把"太阳"的名称给予一束阳光；但是如果我要提到光线发源的太阳，我当然马上就应该从一束光线上收回太阳之名。尽管我并没有创造两个太阳，但是，我还是应当认识到太阳及其光线是两个事物，是一个不可分割的本质的两个形式，就像上帝和上帝之道，就像圣父和圣子。

---

[1] 《罗马书》1:7。

[2] 《罗马书》9:5。

第 14 章

旧约中的很多章节都见证了圣父天然的目不可见性以及圣子的可见性，关于他们差异的争论由此而生。

此外，当我们坚持父与子是两个灵体时，决定上帝目不可见性的调整原则就来支持我们了。当摩西[1]在埃及希望看到主的脸之时说："我若在你眼前蒙恩，向我证明你，使我可以看到你、认识你。"[2]上帝说，"你不能看见我的脸，因为人看见我的脸就不能活。"[3]换句话说，就是谁看到我都要死。但是我们发现很多人看到过上帝，而他们并没有（一看到上帝）就死了。事实上，他们用人类的官能看到上帝，而不是依照神性的足够荣耀看到上帝。因为据说元老们（例如亚伯拉罕和雅各）以及先知们（例如以赛亚[4]和以西结[5]）已经看到过上帝，而他们都没有死。一种情况是他们应该已经死去，因为他们见到了上帝——须知（那句话是这样说的）"没有人能看到上帝后存活。"或者第二种情况是：如果他们看到上帝而没有死去，那么圣经经文关于上帝说的话"人看到我的脸，他不能活"就是假的。不管怎么样，当圣经让上帝目不可见的时候，又让上帝出现在我们眼前的时候，都误导了我们。这样一来，因为不能宣布上帝目不可见，而又有了可见到的灵体，我们所见到的必然是一个不同的灵体。于是，将会得出结论：因为上帝的目不可见性，我们必须在上帝的全部意义

---

〔1〕 Moses，圣经人物，以色列民族的伟大领袖，先知和立法的颁布者，是《出埃及记》和《申命记》的最主要人物。——译注

〔2〕《出埃及记》33:13。

〔3〕《出埃及记》33:20。

〔4〕 Isaiah，圣经人物，以色列历史上最伟大的先知之一，约公元前 8 世纪末在南国犹大侍奉，传统认为他是《以赛亚书》的讲述者。——译注

〔5〕 Ezekiel，圣经人物。布西的儿子，公元前 6 世纪初被掳巴比伦时的祭司和先知，在以色列人中间侍奉，见《以西结书》1:1—3;3:11、15;11:24。据说他就是《以西结书》的作者。——译注

上了解圣父,同时,由于派生后存在的安排,我们承认圣子是可见的;即使我们没有得到允许在天上完整本质的意义上凝视太阳,我们的眼睛只能承受一束光线,因为上帝把投射到地球上的这部分光线做出调和。有人在另一立场上可能主张圣子也是道,也是圣灵,是不可见的;同时,当声明父与子据有一种本性的时候,也同时断言父与子正是同一个位格。但是,正如我们已经说过的那样,圣经保留可见与不可见两者之间形成的区别。继而,他们继续争论,达到的效果是:如果是圣子对摩西讲话,他自己必定是特意这样做的,因为他的脸是不为人见的,因为他自己的确是圣子名义下的目不可见的父亲。由于这样的方式,可见与不可见就是同体,就如同圣父与圣子是同体一样;(他们坚持这一点)因为在上面的一段话中,在上帝拒绝让摩西(看到)他的脸之前,圣经告诉我们说"上帝与摩西面对面地讲话,甚至就像人对自己的朋友讲话一样;"[1]也像雅各同样的说法"我已经面对面看到过上帝"一样[2],所以,可见与不可见的是同体;并且因为两者都是一样的,结论是:为父者是目不可见的,圣子是可见的。在父亲被搁置一边为不可见时,根据我们对圣经的说明,仿佛圣经对于圣子来说是不适用的。然而,我们声明,圣子在他自己心中作为圣子予以考虑之时,他也是不可见的,因为他是上帝,是上帝的道和灵;在他成为肉身之前,他是可见的,他可见的方式正如他对亚伦[3]以及米利暗[4]说的一样,"你们中间若有先知,我必然在异象中向他显现,在梦中与他说话;我的仆人摩西不是这样,我要与摩西面对面说话,甚至乃是明说,也就是按照事实说,而不是谜一般高深莫测地说,也就是说,他必见我的形象"[5];就像使徒也这样表示,"我们如今对着镜子观看,模糊不清(或者说,如同

〔1〕《出埃及记》33:11。
〔2〕《创世记》32:30。
〔3〕 Aaron,圣经人物,摩西的哥哥,协助摩西带领以色列人出埃及。——译注
〔4〕 Mirian,圣经人物,女先知,摩西和亚伦的姐姐。——译注
〔5〕《民数记》12:6—8。

猜谜一样莫测高深),但到那时,就要面对面了。"[1]于是,他把他与摩西面对面呆在一起并且相互讲话的诺言保留到未来的某个时间——后来在"变像山"[2]的幽静处,这个诺言实现了,我在福音书中可以读到,"摩西显现,并同耶稣讲话"[3]——显然,在早期,上帝,我指的是上帝之子的出现好像总是在镜中,在谜中,在幻象中或者梦中——在先知和元老面前,还有的确在摩西自己面前。即使主真地与他面对面讲话,他也不可能像人一样注视上帝的脸,除非真的是在镜子里面,(仿佛)是个谜语。况且,如果上帝这样和摩西对话,摩西实际上已经眼睛对眼睛地辨认出上帝的脸,在同样的情况下,接下来,摩西怎么可能马上在同一场合希望看到上帝的脸呢[4]? 因为他如果已经看到上帝的脸,他就本不应该再有这样的希望了。同样,(就如我们的对手猜测的那样)如果主确实已经显现了他的面容,他怎么还说他的面容不能让人看到呢? 如果有一个面容人可以看到,上帝的面容拒绝人们看到,那么上帝的面容是什么呢? 雅各说,"我面对面见了上帝,我的性命仍得到了保全。"[5]那么,一定有别的某个面容一旦让人看到就使人死去。那么,圣子是可见的吗?(当然不是,)尽管圣子是上帝的脸,因为上帝之道或者圣灵除了在想象的形式中可见之外都不可以让人看见,也就是在异象中和梦中,在镜子中或者谜中除外。但是(他们说),他把目不可见的圣父称作他的脸。谁是圣父呢? 因为圣子从圣父那里以圣父所生者的身份得到权威,圣父肯定不是圣子的脸吗? 难道没有一种自然的礼仪来表现一些重要人物(比自己)更伟大吗? 那个人是我的脸;他把他的容貌给了我吗? 耶稣说,"我父比我伟大。"[6]所

---

〔1〕 《哥林多前书》13:12。

〔2〕 Mount of Transfiguration,圣经地名,是耶稣向 3 个门徒变像的地方(见《马太福音》17:2—3;《马可福音》9:2—3;《路加福音》9:28—29)。——译注

〔3〕 《马可福音》9:4;《马太福音》17:3。

〔4〕 《出埃及记》33。

〔5〕 《创世记》32:30。

〔6〕 《约翰福音》14:28。

以,圣父必然是圣子的脸。圣经是怎么说的？——"他的位格的灵就是主基督。"[1]因为基督是圣父位格的灵,凭借着统一性,他所属的圣父位格的灵——即是说,圣父有很正当的理由宣告,自己是圣子的"脸"。这肯定是件让人震惊的事情,因为"上帝是基督的头"[2],当圣父是圣子的头之时,圣父可以被认作是圣子的脸!

第 15 章
所引用的新约章节。这些章节证明的是同样的真理——与圣父的目不可见性相互对照之下圣子的可见性。

如果我不能引用旧约中那些承认有争议的段落来解决(关于我们信仰)这篇文章的话,我会从新约中提取段落来确认我们的观点,你们不可以把我归于圣子的每个可能的关系和情况都立即归于圣父。请看,我发现福音书和使徒(的文字)都向我们展示了一个可见和不可见的上帝,在两种情况下有明白无误的位格的区别。使徒约翰特别强调了一段话:"从来都没有人看到过上帝。"[3]意思当然就是,在以前的所有时间都是这样。然而他的确用从没有人看到过上帝这样的说法,将所有的时间问题都排除了。约翰确认了这个声明,因为谈到上帝的时候,他说,"人未曾看见过他,也是不能看见他的"[4],因为看到他的人是果真会死的[5]。然而,就是这位使徒证实他既看到也"触摸"了耶稣[6]。那么,如果耶稣他自己既是圣父也是圣子,他怎么可能既可见到,又不可见到呢?为了使可

---

〔1〕《耶利米哀歌》4:20 的说法是:"耶和华的受膏者,好比我们鼻子中的气……"——译注
〔2〕《哥林多前书》11:3。
〔3〕《约翰福音》1:18。
〔4〕《提摩太前书》6:16。
〔5〕《出埃及记》33:20;《士师记》13:22。
〔6〕《约翰一书》1:1。

见和不可见两种说法一致起来，在对方阵营中不会有人辩论说这两种说法都挺正确的吗？——他在肉身方面确实是可见的，但是在以肉身出现前是不可见的；所以作为圣父，在他有肉身之前是不可见的，是他在拥有肉身后成为圣子就是可见的，因而两者是同体吗？那么如果在道成肉身前不可见的是同一个他，怎么会有人在得到肉身前的古老时代见过他呢？而且用相同的推论，如果他在进入肉身后变成可见者是同样的一个他，为什么众使徒现在又声称他是不可见的呢？我要重复，怎么可能发生呢？除非他就是唯一的，在古老时代他在神秘中和谜中可见，然后在道成肉身之后变得真正清晰可见，甚至道也成了肉身；同时他又是没有人见过的另外一个灵体，成为了圣父本身，甚至是道所属的上帝。简而言之，让我们检验一下使徒看到的是谁吧。约翰说，"论到生命之道，就是我们所听见、所看见，亲眼看过，亲手摸过的。"[1]然后，生命之道成为肉身，所以有人听见，看到，触摸过他，因为他在成为肉身之前，就是"与上帝同在的太初之道"[2]，而不是与道同在的圣父。尽管道就是上帝，但是他是与上帝同在的，因为他是上帝之上帝；结合而成为圣父，与圣父同在。"我们见过他的荣光，正是圣父独生子的荣光。"[3]那当然就是圣子的（荣光），尽管他是可见的，他是由不可见的圣父给他添加荣光。所以，由于他说过上帝之道就是上帝，为的是对对手的假设不会有丝毫帮助，这一假设（假装）他已经见过圣父本身，并且为了表现出不可见的圣父与可见的圣子之间的区别，他又附加声明，仿佛为了格外谨慎起见，说："从来没有人见过上帝。"[4]他指的是什么上帝呢？是道吗？但是他已经说了："生命之道，就是我们所看见、听见、亲手触摸过的。"那么，（我必须再次问）他指的是什么上帝？当然是圣父了，是道之所在，"只有在圣父怀里的独生子把他表

---

[1] 《约翰一书》1:1。

[2] 《约翰福音》1:1—2。

[3] 《约翰福音》1:14。

[4] 《约翰一书》4:12。

明出来。"〔1〕人们既听到,也看到了他,也确实触摸过,他不会让人们认为是个幻影。保罗也看到了他;但是他看到的不是圣父。他说,"我不是见过我们的主耶稣了吗?"〔2〕此外,他明确地称基督为上帝,说:"他们的祖宗,按肉体说,基督也是从他们那里出来的,他是万有之上,永远可称颂的上帝。"〔3〕他同时也让我们看到上帝之子,也是上帝之道,是可见的,因为他成为肉身后人们称他为基督。然而,保罗对提摩太说到圣父:"是人未曾看到过,也是不能看到的。"并且,他累积了更充足的言辞进行描述:"就是那独一不死,住在人不能靠近的光里。"〔4〕也正是他,在前面的章节已经说过:"致不朽的、不可见的永世君王,独一的上帝"〔5〕,这样,我们甚至可以将这些甚至是相反方面的特质——不能永世的,可以接近的——用到圣子身上——根据使徒的证明"就是基督照圣经所说,他为我们的罪死了"〔6〕。还有"最后他也显示给我看"〔7〕——当然是通过可接近的光"显示给我看",尽管他经历光的时候视线并非没受影响〔8〕。同样类型的危险也降临到彼得、约翰和雅各(他没有经历同样的光)身上,但没有冒着失去他们理智和头脑的危险。如果他们中哪位受不了圣子的荣光〔9〕,只见过圣父,那么他们肯定就早已经当时当场死去了:"因为没有人能看到上帝而又能活下去。"〔10〕事情既然如此,很显然的情况是:最后,人们可以见到的圣子在一开始就一直是让人们见到了的;而圣父(恰好相反),在一开始就从来都是不可见的,最终也没有让人见到;由此观之,可见的和不可

---

〔1〕《约翰福音》1:18。
〔2〕《哥林多前书》9:1。
〔3〕《罗马书》9:5。
〔4〕《提摩太前书》6:15。
〔5〕《提摩太前书》1:17。
〔6〕《哥林多前书》15:3。
〔7〕《哥林多前书》15:8。
〔8〕《使徒行传》22:11说"我因那光的荣耀不能看见"就是这个意思。——译注
〔9〕《马太福音》17:6;《马可福音》9:6。
〔10〕《出埃及记》33:20。

见的共有两者。于是，人们总能见到的，就是圣子，圣子一直在与人类对话，圣子一直在圣父的权限和意志下工作；因为"子凭着自己是不能做什么的，而是唯有看见父之所做"[1]——"做"就在他的头脑和思想之中。因为圣父用头脑和思想行动，而处在圣父的头脑和思想中的圣子把他的所见付之于结果和形式。于是，万物都是由圣子所做，没有圣子则一事无成[2]。

第 16 章

在旧约中记录的上帝之子的早期显现；是后来道成肉身的预演。

但是你断不可认为只有关于世界（的创造）是圣子所为，其实自从上帝创造万物后所有的一切无不是圣子所为。因为"父爱子，已将万有交在他手里。"[3]的确，从一开始圣父就爱圣子，从第一次将万有交给他的时候就爱他了。有这样的文字记载："太初有道，道与上帝同在，道就是上帝；"[4]"父将天上的和地上的所有权能给了他"[5]；"父不对人做审判，而将审判的事全交与子"[6]——甚至从一开始就是这样。因为当他谈及所有的权能和审判并且说万物都是由他创造，万物都已经送到他手中，他不允许（时间方面）有一点例外，因为不是所有的时间中——永生永世的全部，就不是万物了。所以，圣子，从一开始就管理起审判方面的事物，摧

---

〔1〕《约翰福音》5:19。

〔2〕《约翰福音》1:3。

〔3〕《约翰福音》3:35。

〔4〕《约翰福音》1:1。

〔5〕《马太福音》28:18。

〔6〕《约翰福音》5:22。

毁高耸的塔[1]，让人们说不同的语言，用凶猛的大水惩罚世人，把火和硫磺像大雨般洒落到所多玛和蛾摩拉，是主的主，恰如其分。因为就是他，永远来到人间与人类对话，从亚当开始到长老和先知，在幻象中，在梦中，在镜子里，在黑暗中说话；从他打下天命安排过程的基础一开始，他就打算坚持到最后。他一直这样学习像上帝一样在人间与人类交谈，完全就是即将化成肉身的道。为了把我们的信仰之路铺平，他因此一直在学习（或者预演），如果我们知道在过去的日子里他做过类似的事情，我们就更容易相信上帝之子已经来到人间。因为是为了我们和我们的学习，这些事件才记录在圣经中，所以也是为了我们他才做了这些事——（甚至是为了我们的事，我说），"这末世降临我们身上。"[2]他当时就是这样，完全明白我们人类的感觉和感情，在一如既往地努力把人类本质的构成成分——身体和灵魂，放到自己肩上，（仿佛他是因为不了解）而问亚当，"你在哪里，亚当"后悔于他创造了人，仿佛他此前是因为缺乏远见而创世似的[3]；他试探亚伯拉罕，仿佛他对人类心中想什么并不了解；有些人冒犯了他，然后他与他们和解；不管持异端者为了使造物主蒙羞，抓住了什么别的（弱点或者缺陷），当成（在他们的假想中）他配不上上帝的理由，却没有想到这些情况正好适合于圣子，有朝一日他甚至要经历人类的痛苦——饥饿和焦渴，眼泪，切实的诞生和实实在在的死亡，并涉及这样的安排——"由父创造的，比天使微小一点。"[4]但是你可以肯定，持异端者不会容许那些东西甚至适合上帝之子，当你声称他为了我们把自己创造得比天使微小一点，你就是在把这一点归于圣父本身；而圣经告知我们，被创造得"微小一点"的圣子受他者很大的影响，而不是他自己受自己的

---

〔1〕 前面说的"高耸的塔"显然是指"巴别塔"（Tower of Babel），是上帝为了变乱人类语言而要建造的塔。下句的索多玛和蛾摩拉请见 p.85 的注 8 和 9。——译注

〔2〕《哥林多前书》10:11。

〔3〕《创世记》3:8—9 讲了耶和华同亚当的对话；《创世记》6:6—9 讲的是耶和华后悔在地上创造了人类。——译注.

〔4〕《诗篇》8:5—6。

影响。那么如果他是"赐他荣耀尊贵为冠冕"[1]的受赐者又该如何？如果他是接受"冠冕"时的授予者呢？——实际上，是圣父赐圣子以冠冕。此外，下面的情况是怎么发生的：那个万能的、不可见的上帝，"是人未曾看见，也是看不见的；他住在人不可靠近的光里"[2]；"他不住在人类的手所造的殿里面"[3]；"在他的面前，地球震动，诸山像蜡一样溶解"[4]；他把整个世界"像个巢"[5]一样攥在自己手中；"天是他的座位，地是他的脚凳"[6]；每个地方都是他，但是哪个地方又都没有他；他是宇宙最极限的边界；我说，他至高无上，怎么会为了寻找亚当，却曾经在乐园里面朝着晚凉行走呢？怎么会曾经在诺亚走进方舟后就把方舟关上了呢？怎么会在亚伯拉罕的帐篷里让自己在橡树下振作起来了呢？怎么会把摩西从烧着的树丛中叫了出来呢？怎么会以"第四个"的身份出现在巴比伦君王的熔炉之中（尽管他在那里得到的称呼是人子呢）？——除非所有这些事件都是以图像、以镜子、以（未来化成肉身的）谜的形式发生的才说得通。即使是上帝之子的这些事，他们甚至肯定仍然不会相信，除非在圣经经文中这些事有所涉及，告诉了我们；可能他们也不会相信涉及上帝的事，即使圣经里面是这么写的，因为这些人把他送到马丽亚的子宫中，把他送到比拉多的审判席前，把他埋葬在约瑟夫的坟墓！所以他们的错误变得彰明较著；因为他们对整个神圣管理的秩序从一开始就是通过圣子的代理懵然不知，他们相信实际上有人曾经看到过圣父本身，圣父与人类有过交流，工作过，渴过，遭受过饥饿（虽然先知说："永生的上帝、创造地极的主，根本不会感到口渴，也不会感到饥饿"[7]，而且，也永远根本既不会死，也不

---

〔1〕 《诗篇》8:5。

〔2〕 《提摩太前书》6:16。

〔3〕 《使徒行传》17:24。

〔4〕 《约珥书》2:10;《诗篇》97:5。

〔5〕 《以赛亚书》10:14。

〔6〕 《以赛亚书》66:1。

〔7〕 《以赛亚书》40:28。

会被人掩埋），所以，始终如一的是只有一个上帝，圣父本身每时每刻都做事，是通过圣子的代理而确确实实做事的。

第 17 章
对神性描述的各式各样令人敬畏的头衔适用于圣子，而不是像帕克西亚所说，只适用于圣父。

他们更容易假设圣父是以圣子之名行事，而不是圣子以圣父之名行事；尽管主谈论他自己说的是，"我奉我父的名而来"[1]，甚至对圣父，他还声明过，"我已把你的名明示与他们"[2]；而圣经有类似的说法，"他以耶和华的名而来，是应当称颂的。"[3]这就是说，圣子以圣父的名义下来。至于圣父的各个名字有全能的上帝、至高无上的、万军之神，以色列之王、"绝无仅有的一个"，我们说（恰如圣经教育我们的那样），这些名字也适用于圣子；圣子是通过这些称号受指派而来，并且一直以这些名义行事，也是以这些名称向人类显现他自己的。他说，"凡是父所有的，都是我的。"[4]那么为什么不包括他的名字呢？那么，当你读到全能的上帝、至高无上的、万军之神、以色列之王，以及"绝无仅有的一个"的时候，请想想圣子是否也是在这些名义下得到明示的呢？他在他自己的权力下，在他是全能的上帝之道，他获得了支配一切的权能方面，他就是全能的上帝；犹如彼得在《使徒行传》中声明的那样[5]，他是"被上帝的右手高举"，这方面他是至高无上的；他是万军之神，因为圣父让万物都臣服于他；他是

---

[1]《约翰福音》5：43。
[2]《约翰福音》17：6。
[3]《诗篇》118：26。
[4]《约翰福音》16：15。
[5]《使徒行传》2：33。

以色列之王,因为这个民族的命运特别委托给他负责;同样"绝无仅有的一个"[1],因为有很多被称为圣子的,却都不是。对于他们所坚持的"基督这个名称也属于圣父"的观点,他们应该在适当的地方(把我必须说的话)记住。同时,请允许我对于他们从约翰的启示,并从所有其他的章节(这些章节在他们观点中认为全能的上帝的名称不适合圣子)所引出的辩论给予如下即时的回复:"我是昔在、今在、以后永在的全能的主"[2]。确实,似乎即将到来的并非全能,那么甚至全能之子也像上帝之子一样地全能,他就是上帝。

第18章

在先知的经文中的独一神名称。设想为对抗异教偶像主义的异议,它并不排除上帝之子涉及关系的理念。圣子就在圣父里面。

然而,使他们不能欣然认知圣父的各种头衔与圣子实为相同这一事实的障碍是圣经的陈述,每当圣经的陈述提到只有一个上帝之时;仿佛没有像我们在上面所述的那样,同一圣经没有提出既有上帝又有主[3]。他们的论点是:既然我们看到二以及一,那么两者——圣父和圣子,是一并且是同一。圣经并没有为了避免自相矛盾,面临危险需要什么人的论点予以支持。圣经有其自己的方法,在提出只有一个上帝的时候是这样,在显示有两个上帝——圣父和圣子的时候也是这样;并且圣经在这方面是一以贯之的。很清楚,圣经对圣子有所提及。因为,在没有伤及圣子的情况下,正确地决定只有唯一的一个上帝是完全有可能的,圣子属于上帝;原因是有儿子的上帝并不会因为这个原因停止存在——即是说,每当提

---

[1] 《以赛亚书》21:10。
[2] 《启示录》1:8。
[3] 见第13章的论述。——译注

及上帝不提圣子的情况下，由于他自己的原因，上帝自己是独一无二的。每当他以"第一位格"的身份被定义为（神性的）本源，人们必须在提及圣子名字之前提到他的时候，提他的名字是单独提及而不涉及圣子，原因是：首先得到承认的是圣父，圣子得到命名乃是在圣父之后的事。

所以，"仅有一个上帝"，就是"圣父"，"在我以外就没有别的神。"[1]在他自己做这一声明的时候，他没有否认圣子，而是说没有其他的上帝，子与父没有区别。的的确确，只要你仔细阅读这一声明之后的上下文，你就会发现这些上下文几乎总是特别提到偶像的创造者和崇拜者，关于为数众多的假神，神性的统一性已经把他们驱逐，但是却有圣子；同时，由于这个儿子是与圣父不可分割、不能分离的，所以即便他没有得到命名，人们认定他在圣父之中。事实上，如果明确地给他命名，他就会已经与上帝分开了，有这样的文字说："在我身边除了我的儿子，没有别人。"简而言之，上帝把他儿子排除在其他人之外以后，早就已经把他的儿子另眼看待了。假设太阳讲，"我是太阳，除了我的光线外，没有别的在我身边。"因为似乎光线自己不被计算到太阳之中，所以你难道不会早就评论说这样的声明是多么徒劳无益吗？然后，就非外邦人和以色列人双方的偶像崇拜而言，上帝说，他之外没有别的上帝；而且，即使也因为我们的那些持异端者就像未开化的人用手制造物品一样，用语言创造偶像，即是说，他们制造出另外一个上帝和另外一个基督，这种情况下仍然是上帝之外没有别的上帝。所以，圣父见证自己统一性的时候，照顾了圣子的利益，说，不能认为基督来自于另外一个上帝，而是来自于他，他已经说过"我是上帝，我身边没有别的神。"[2]他让我们看到，他就是唯一的上帝，但是他是与他儿子在一起的，"独自铺开诸天……"[3]是同儿子一起铺开的。

---

[1] 《以赛亚书》45:5。

[2] 《以赛亚书》45:5、18。

[3] 《以赛亚书》44:24；《诗篇》104:2。

第 19 章
圣子与圣父协同创造万物。二位协同的这一合作并不与上帝的统一性有什么抵牾。它只与帕克西亚的身份理论格格不入。

但是上帝的这个声明本身，被他们很轻率地曲解成上帝单一性的论点。上帝说，"我自己独自铺开诸天。"毫无疑问，"独自"的意思是相对所有别的力量而言；于是上帝推出了一个防止持异端者推测的预先警告似的证据，持异端者主张，世界是由不同的天使和力量构造出来的；他们还让造物主自己也成为一个天使，或者成为属下的代理人受派去塑造外部事物，例如世界的各个组成部分，但是同时持异端者又对神圣目标完全无知。如果现在，是从"他独自铺开诸天"的意义上而言，这些持异端者怎么会采取这样有悖常理的立场，以至于使"智慧"的独一性变得不可接受呢！"智慧"说："他立起高天之时，我跟他一起在那里"[1]——尽管使徒保罗问过，"谁知道主的心思？谁做过他的谋士呢？"[2]这意思当然是排除"与他在一起的"那个"智慧"[3]。无论如何，是（"智慧"）在上帝之中，与上帝一起，建立了宇宙，他对于她[4]所做的事并非不了解。实际上，"除了'智慧'"是与"除了圣子"意义完全一样的短语，圣子就是耶稣，根据只知道圣父心思的使徒，这就是指"上帝的智慧和能力"[5]。"除了上帝心中的灵之外，有谁知道上帝心中的事？"[6]注意，不是在上帝心中之外的事。于是，就有一个存在使上帝不再"独自"，这是把其他所有的神排除在外后的"独自"。但是（如果我们要照着持异端者的话行事），福音书本身就应该遭到抛弃，因为，它告诉我们，世界万物都是由上帝通过道而创造的，凡是

---

〔1〕《箴言》8:27。

〔2〕《罗马书》11:34

〔3〕《箴言》8:30。

〔4〕 智慧又名"索菲亚"，为女神，故而称为"她"。另见本书 p.70 注 1。——译注

〔5〕《哥林多前书》1:24。

〔6〕《哥林多前书》2:11。

被造的没有一样不是藉着他造的[1]。如果我没记错的话,福音书里还有一个章节是这样写的:"诸天藉主的道而造,万象藉他的灵而成。"[2]那么这个"道"即上帝的能力和上帝的智慧,肯定就是上帝之子本身。因此,如果(上帝)通过圣子造就万物,他必然是通过圣子把"苍穹铺开",而不是"独自"铺开,除非是"排除了他以外的其他神(并与他们分开)"意义上的"独自"。有鉴于此,关于圣子,他接着马上说:"还有谁挫败说谎者,使占卜者癫狂,使智慧者退后,使他们的知识变为愚拙,使他儿子的话立住脚跟?"[3]——就像,例如,当上帝说,"这是我的爱子,我所钟意的;要听他说。"[4]用这样的方法将圣子与他联系起来,他为自己解释他所说的"独自铺开诸天"是什么意思,指的是独自与儿子在一起,甚至圣子与他合二为一。于是,下面的言辞就会同样也是圣子的言辞,"我独自铺开诸天。"[5]原因是诸天是通过道才创造出来的[6]。在造天的时候,智慧是在道中,既然万物都由道创造,那么,甚至说圣子独自把苍穹铺开也是正确的,理由是圣父的事功是由圣子独自执行的。同时,说"我是首先的,也是我将要与未来最后的同在。"[7]说这番话的也肯定是圣子。毫无疑问,道是在万物之前。"太初有道。"[8]就在"太初",圣父将他派出。然而,圣父是没有太初的,因为他是从虚无混沌出发的;他也不能让人看到,因为他不是谁生下来的。他一直是独自行事,从来没有次序或者级别。所以,为了明确维护上帝的统一性,使他的统一性不受到伤害,如果他们决定圣父与圣子必须被看成是一体,他是独一的,而他又有儿子,在相同的圣经

---

〔1〕《约翰福音》1:3。

〔2〕《诗篇》33:6,这是按照原文而译出的译文,和合本的译文是:"诸天藉耶和华的命而造,万象藉他口中的气而成。"—译注

〔3〕《以赛亚书》44:25—26;17:5。

〔4〕《马太福音》3:17。

〔5〕《以赛亚书》44:24。

〔6〕《诗篇》33:6。

〔7〕《以赛亚书》41:4。

〔8〕《约翰福音》1:1。

经文中人们对他儿子的理解与上帝是平等的。既然他们不愿意同意圣子是不同的位格,位居圣父外的第二,唯恐这样就真的变成第二了,因此他们应当提及圣子时提到两个上帝,如我们上面所言,实际上在圣经中所描述的是两者:上帝和主。为了避免在这个事实上他们受到冒犯,我们提出一个理由解释为什么他们不是让人称作两个上帝或者两个主,而是一个为父一个为子的两个灵体;这不是分割他们的本质,而是来自我们所说的圣子与圣父不可分隔又不可分离中的安排——在程度上的相异,而不是状态上的不同。并且,尽管名称是分开的,他被称为上帝,但是他并不因此构成了两个上帝,而只是一个;从他与圣父协同的情况下,他有资格让人们称他为上帝。

第 20 章

帕克西亚为支持他的异端学说所依赖的圣经经文为数甚少,德尔图良提到过这些经文。

然而在他们从圣经经文中选择一些文字支持他们的看法,并拒绝考虑其他观点的时候,我必须更进一步用心费力,反驳他们的观点,这样做显然是维持信仰的法则,而不违犯神性的统一,并完全承认上帝的唯一论。因为在旧约中,他们抓住的无非就是"我是上帝,在我以外没有别的上帝"[1];在福音书中他们看到的只是主对腓利[2]的回答,"我与父原为一",[3]还有"人看见了我就是看见了父;我在父之中,父在我之中"。[4]

---

　　〔1〕 《以赛亚书》45:5。

　　〔2〕 Philip,新约中共计有 4 个腓利,这里是指使徒腓利。在《马太福音》10:3 以及《马可福音》3:18 等近 10 处都提到过这位使徒。——译注

　　〔3〕 《约翰福音》10:30。

　　〔4〕 《约翰福音》14:9、10。

他们可能会将整个新旧约的启示让路给这三段话,而事实上,唯一适当的路线是依据众多的陈述去理解少数的这些零星话语。可是在他们的论点中,他们仅仅按照所有持异端者的原则行事。因为在洋洋洒洒的大部分章节中只能找到少数证据(为他们而用),他们顽固地以少博多,采用后来的片言只语反对早期的正言谠论。但是,从一开始就为每种情况建立起来的法则提供了规定,驳斥后来的假设,事实上,法则的确是不利于少数的。

第 21 章

在这章和下面的四章中,对圣约翰的福音书细致的分析可以揭橥,不断提及的是圣父与圣子各自的位格。

因此,请想一想,恰恰就在这本福音书里,在腓利提问之前,在你们一方无论讨论什么之前,有多少段落向你展示了它们规定性的权威。首先,约翰在他的福音书中马上递上导言,向我们展示了在必须成为肉身之前他的状况。"太初有道,道与上帝同在,道就是上帝。他在太初与上帝同在;万物是藉着他而造的,凡是被造的,没有一样不是藉着他而造的。"[1]那么,既然这些话除了本意外不会被做别的理解,因此毫无疑问就显示了从太初就是他一位,还有一位一直与他在一起的:一位是上帝之道,另外一位是上帝,虽然道也是上帝,但是这里人们认为上帝是上帝之子,而不是圣父;一位是通过他有了万物,另一位是由他动手而有了万物。在什么意义上我们称呼他为另外一位,对此我们已经描述过了。我们称呼他为另外一位的时候,必须意味着,他不是同一位——的确不是同一位,但也不是被分开的;是由不同的安排而不是由分隔而区分的。于是,成为肉身

---

〔1〕《约翰福音》1:1—3。

的他不是道之所出的他。"我们见过他的荣光,正是圣父独生子的荣光[1]。(请注意)不是圣父的荣光。他"声明""在圣父的怀里"的到底是什么——圣父没有泄漏他自己怀中的秘密。因为在此之前有另外一段话:"从来没有人看见上帝"[2]。然后,当他作为"上帝的羔羊"[3]受到(施洗者)约翰指派的时候[4],他没有被描述成那个与上帝爱子是同体的上帝。毫无疑问,他一直是上帝之子,但是却还不是有儿子的那位上帝。这一(神圣的关系)拿但业[5]马上在他身上辨认出来,甚至恰如彼得在另外一个场合所说:"你是上帝的儿子。"[6]他自己确认他们的信念是正确的;因为他这样回复拿但业:"因为我说我在无花果树底下看到你,你就因此而相信吗?"[7]他用同样的方式宣称彼得"是有福的",由于"并不是属血肉的人指示他的"[8]——他感受到了圣父——"乃是我在天上的父指示的"[9]。通过断言所有这些事实,他确认了两个位格之间的区别,那就是,当时圣子不在天上,而是在地上,彼得承认他就是上帝之子;而圣父则在天上,向彼得揭示了彼得的这一发现:耶稣是上帝之子。在彼得进入教堂的时候,他称教堂为"他父的殿"[10],以儿子的身份说话。在他跟尼哥底母[11]讲话时,他说:"上帝爱这个世界,甚至将他的独生子赐给他们,叫

---

[1] 《约翰福音》1:14。

[2] 《约翰福音》1:18。

[3] 《约翰福音》1:29。

[4] 《约翰福音》1:49。

[5] Nathanial,圣经人物,耶稣十二门徒之一,来自加利利的迦拿(见《约翰福音》21:2),耶稣称他为"真以色列人",因为"他心里是没有欺诈的。"(见《约翰福音》1:47)——译注

[6] 《马太福音》16:16。

[7] 《约翰福音》1:50。

[8] 《马太福音》16:17。

[9] 《马太福音》16:17。

[10] 《约翰福音》2:16。

[11] Nicodemus,圣经人物,是犹太人的领袖和教师。他曾经与耶稣讨论重生的问题(见《约翰福音》3:1—10),在法利赛人要捉拿耶稣时,他出言维护耶稣(见《约翰福音》7:37—52);耶稣死后,他又为耶稣安排殡葬(见《约翰福音》19:38—42)。——译注

一切信仰他的人,不至灭亡,反得永生。"〔1〕此外还有:"因为上帝派他的儿子降世,不是要定世人的罪,乃是要叫世人因他而得救。信他的人,不被定罪;不信的人,罪已经定了,因为他不信上帝独生子的名。"〔2〕此外,在有人问及(施洗者)约翰他恰好知道有关耶稣的什么事情的时候,约翰说:"父爱子,已将万有交有在子手中。信仰子的人将会永生,不信子的人得不着永生,上帝的震怒常落在他身上"〔3〕。"事实上他向撒玛利亚〔4〕的女人启示了何人?难道不是"那称为基督的弥赛亚〔5〕"〔6〕吗? 所以当然,谎言得到揭示,他不是圣父,却是圣子;在别的地方,人们明确地称他为"耶稣,上帝之子"〔7〕,而不是称他为圣父。圣子因此说,"我的食物就是遵行差我来者的旨意,完成他的事功。"〔8〕对犹太人他提到阳痿男人的治疗,"我父做事直到如今,我也做事。"〔9〕"我父和我"——这些都是圣子的话。正是由于这个原因"犹太人越发想要杀他,因他不但破坏了安息日,并且"称上帝为他的父,这就把自己和上帝当做平等。那时,耶稣对他们说,子自己什么都做不了,唯有看见父所做的,父做过的一切,子也会以同样方式去做。因为父爱子,把自己所做的一切事都给子看,还要把比这更伟大的、让你们惊奇的事功做给他看。父怎样叫死人复活,使他们生气勃勃,子也照样去做。父不给人做审判,而是把所有的审判事务全部托付给子。叫所有的人尊敬子如同尊敬父一样,不尊敬子的,就等于不尊敬派

---

〔1〕 《约翰福音》3:16。

〔2〕 《约翰福音》3:17—18。

〔3〕 《约翰福音》3:35—36。

〔4〕 Samaria,圣经地名,位于耶路撒冷以北,是北国以色列的首都(见《列王纪上》16:21—24)。——译注

〔5〕 Messias,圣经用语,在希伯来语中含义是"受膏者",跟希腊语的"基督"同义。——译注

〔6〕 《约翰福音》4:25。

〔7〕 《约翰福音》20:31。

〔8〕 《约翰福音》4:34。

〔9〕 《约翰福音》5:17。

子来的父。我实实在在、实实在在地告诉你们,那些听我的话又相信派遣我来的父,就有永生,将不会被人判罪,已经出死入生了。我实实在在地告诉你们,时候将到,死人要听见上帝之子的声音,而已经听见他声音的人就要活了。因为父自己将要永生,就也已经赐给他儿子同样的永生;并且因为他是人子,父就赐给他施行审判的权柄。"就是说,根据肉身,通过圣灵他也是上帝之子。"[1]随后,他继续说:"但我有比约翰更大的见证。因为父交给我要我完成的事功,恰恰就是这些事功见证我是父派来的。派我来的父本身也为我做了见证。"[2]但是他马上加了一句,"你们既从来没有听见他的声音,也没有看见他的形象。"[3]这一点确认了此前曾经让人们看到和听到的,都不是父亲,而是儿子。最后他说:"我奉我父的名义而来,你们接待的不是我。"[4]所以(我们所读到的)都是在全能的、至高无上的上帝,王,主名下的圣子。对那些提问"我们应当做些什么才算作上帝的事功呢?"[5]的人,他回答道:"相信上帝所派来的,这就是上帝的事功。"[6]并且,他也声称自己是"父从天上送来的真粮"[7],耶稣补充说:"凡父赐给我的人必然到我这里,我自己绝不会丢弃。"[8]"因为他从天上降临,不是要按自己的意思行事,乃是要按父的意志做事;而父的意志是,让每个见子而信的人都得到永生,并且在末日实现复活。若不是父吸引人们,就没有谁能确实地到子那里去;然而凡听见父并且了解了父情况的人,就到子那里去。"[9]他继续明确地说:"这并不是说有人看见过

---

〔1〕《约翰福音》5:19—27。
〔2〕《约翰福音》5:36。
〔3〕《约翰福音》5:37。
〔4〕《约翰福音》5:43。
〔5〕《约翰福音》6:29。
〔6〕《约翰福音》6:29—30。
〔7〕《约翰福音》6:32。
〔8〕《约翰福音》6:37。
〔9〕《约翰福音》6:37—45。

父。"〔1〕这样就向我们显示,人们是通过圣父之道得到指引和教导的。然后,在很多人离圣子而去的时候〔2〕,耶稣向他们询问他们是否"也要离开"〔3〕,西蒙彼得的回答是什么? ——"你有永生之道,我们还归从谁呢?我们相信你是基督。"〔4〕(现在告诉我,他们相信)他是圣父,还是圣父的基督呢?

第 22 章
引用圣约翰的各式各样的段落,证明父和子的区别。甚至是帕克西亚的经典文字——"我与父原为一"——都已证明是不利于他自己的。

再看一下,帕克西亚所宣讲的,让所有人都震惊的,是谁的教义〔5〕? 是他自己的还是上帝的? 所以,他们一伙在自己人当中怀疑他是不是基督(不是指圣父,那当然就是指圣子了)的时候,圣子对他们说:"你们不是不知道我从哪里来,我来并不是由于自己,但是派我来者是真的,你们不认识他;我却认识他,因为我是从他那里来的。"〔6〕圣子没有说,因为我自己是他;也没说,我派我自己来,他的原话是"他派我来"。同样,法利赛人派人去抓他的时候,他说:"我还有不多的时间和你们同在,以后我就回到派我来者那里去。"〔7〕然而,在他声称自己不孤单的时候,他说了这样一

---

〔1〕 《约翰福音》6:46。
〔2〕 《约翰福音》6:66。
〔3〕 《约翰福音》6:67。
〔4〕 《约翰福音》6:68。
〔5〕 参看《约翰福音》7 的整个一章。
〔6〕 《约翰福音》7:28—29。
〔7〕 《约翰福音》7:33。

些话:"派我来的父与我同在"〔1〕,难道他没有显示有两位灵体——两位,而且是不可分隔的吗? 的确,这就是总结,他传教内容的本质就是:他们是不可分隔的两者;因为引用的律法也说两个人的见证是真的〔2〕。他马上补充说:"我是为自己作见证,还有派我来的父也为我作见证。"〔3〕那么,如果他是一位——同时既是儿子又是父亲——他肯定不会引用律法的认可,需要的不是一个人的见证,而是两个人的见证。同样,他们问他他父亲在哪里时〔4〕,他回答他们的是,他们不认识他也不认识他父亲;在这个回答中,他清晰地告诉世人他们有两位,而他们对此一无所知。就算"如果他们认识我,那么他们也早该认识父"〔5〕,这肯定不意味着他自己既是圣父又是圣子;但是,由于他们两者是不可分隔的,他们中的随便哪一方都既不可能单个得到承认,也不可能单个不为人知。他说:"那派我来的是真的,我从他那里所听见的,我就传给世人。"〔6〕然后经文继续以通俗的方式陈述解释,说"他们不明白耶稣是指着父说的。"〔7〕尽管他们当然本来应该知道圣父的言语是通过圣子说出来的,因为他们在《耶利米书》中已经读到,"主对我说,听,我已把应当说的话传给了你"〔8〕;随后,在《以赛亚书》中再次有这样的话,"主赐给我受教者的舌头,使我知道何时说话合乎时宜。"〔9〕根据这一记载,基督自己说:"你们必然知道我是他,而且我没有一件事是凭着自己说的,乃是照着父亲所教导我的,因为派我来的与我同在。"〔10〕这也构成证据,证明他们是两位,(当然是)不可

---

〔1〕《约翰福音》8:16。
〔2〕《约翰福音》8:17。
〔3〕《约翰福音》8:18。
〔4〕《约翰福音》8:19。
〔5〕《约翰福音》8:19。
〔6〕《约翰福音》8:26。
〔7〕《约翰福音》8:27。
〔8〕《耶利米书》1:9。
〔9〕《以赛亚书》50:4。
〔10〕《约翰福音》8:28—29。

分隔。同样,在与犹太人的讨论中,因为犹太人希望杀死他,他严厉训斥犹太人时说,"我所说的,是在我父那里看见的;你们所做的,是在你们的父那里看见的。"[1]"我把在上帝那里听见的真理告诉了你们,现在你们却要杀我。"[2]然后,他又说,"倘若上帝是你们的父,你们就会爱我,因为我本是出于上帝,也是从上帝那里而来"[3](在这里,尽管他声称他从父亲那里来,他们仍然没有因此而分离。一些人确实抓住这些话提供给他们的机会,提出他们的父子分离的异端学说;但是圣子从上帝那里来,就像是光线从太阳来,河流从泉水来,树从树籽来);"我不是被鬼附着的,我尊敬我的父"[4];接着,他说:"我若荣耀自己,我的荣耀就算不得什么;是我的父荣耀我,就是你们所说的你们的上帝:你们不认识他,我却认识他。我若说不认识他,我就是对你们说谎的人。但是我认识他,也遵守他的道。"[5]然而,当他继续说,"你们的祖宗亚伯拉罕欢欢喜喜地观察我的每一天,他看见了,他很快乐。"[6]的时候,他很肯定地证明了出现在亚伯拉罕面前的不是父亲,而是他儿子。在盲人农夫的事情上,他以同样的方式声称:"他必须把派他来的父的事工做起来。"[7]当圣子让那人恢复视力成功后,圣子问他:"你信仰上帝之子吗?"然后,那人问他他是谁,这时候耶稣继续向他揭示自己的身份就是上帝的儿子,宣称就是他信仰的正确目标[8]。在后面的章节里,圣子声明,正如他父亲认识他,他也认识父亲[9];并补充说,父亲全心全意地爱着他,他放弃生命是因为他接到了父

---

〔1〕《约翰福音》8:38。这里的"你们的父亲"是指魔鬼。——译注

〔2〕《约翰福音》8:40。

〔3〕《约翰福音》8:42。

〔4〕《约翰福音》8:49。

〔5〕《约翰福音》8:54—55。

〔6〕《约翰福音》8:56。

〔7〕《约翰福音》9:4。

〔8〕《约翰福音》9:35—38。

〔9〕《约翰福音》10:15。

亲的圣训[1]。犹太人问他是不是基督本身[2]（意思当然就是上帝的基督；因为直到那个时候，犹太人期盼着的不是圣父本身，而是上帝的基督，没有什么地方说圣父会以基督的身份来临）的时候，他对犹太人说："我告诉你们，你们现在还不信：我奉我父的名义所完成的事可以为我作见证。"[3]见证的是什么呢？当然肯定就是他们询问的那件事情本身，——他是不是上帝的基督。此外，关于他的羔羊以及对于没有人能从他手中夺走羔羊的确认[4]，他说："我父把羔羊赐给我，他比万有都大。"[5]然后马上加上一句，"我与父原为一。"[6]接着，就在这里，他们过于冲动，也过于盲目地采取了自己的立场，以至于没能首先看到在这一段落有个提示涉及两个灵体："我和我父亲"。然后，那里有一个不适用于仅仅一个位格（单数名词）的复数谓语"are"；最后，谓语以抽象词而不是人称名词结束了，具体而言是以"我们原为一"——we are one thing（Unum），不是以"我们是一个位格"——we are one person（Unus）而把句子结束的。因为如果他说"一个位格"，他就可能让那些人的观点得到支持。毫无疑问，Unus 表示单一数字；但是这里（我们的情况是表示）"二"（Two）仍然是雄性主语。他因此使用一个中性 unum，这个词没有暗示单数，而是本质的结合体，表现深爱儿子的父亲身上的相似性、同时发生的事实、爱等特质；还表示服从父亲意愿的儿子身上的顺从之意。当圣子说，"我与父原为一"是本质上的——unum，他显示的是有两者，他把两者置于平等地位并结合成一体。于是他又给这个陈述本身加上了如下的意思：他"向他们展示了很多源于父的善事"，为的是让他们知道，没有哪件善事能使他理应

---

〔1〕《约翰福音》10:15、17、18。
〔2〕《约翰福音》10:24。
〔3〕《约翰福音》10:25。
〔4〕《约翰福音》10:26—28。
〔5〕《约翰福音》10:29。
〔6〕《约翰福音》10:30。

受到石头的攻击[1]。为了防止仿佛他已经声明他被看作是上帝自己——圣父，因而招致他们认为他理应遭受这样的命运，于是他通过说这样的话"我与父原为一"用来介绍，他自己是圣父神圣的儿子，而不是上帝本身。他说："如果你们的律法上岂不是写着，'我曾说你们是神'吗？经上的话是不能作废的，若那些承受神道的人尚且称为神，父所分别为圣，又差到世间来的，他自称是上帝的儿子，你们还会向他说'他说僭妄的话'吗？我若不行我父亲的善事，你们就不必相信我；我若行了，你们纵然不相信我，也应当相信这些善事，你们也要知道，我在父之中，父在我之中。"[2]所以通过这些善事，一定是圣父在圣子之中，圣子在圣父之中；并且正是这些善事使我们了解圣子与圣父是一体。他因此一直都在竭力取得这样的结论——他们是一个力量、一个本质的时候，人们仍然应当相信他们是两者；否则，除非人们认定他们是两者，不然圣子在人们心中根本就不可能存在。

第 23 章
同一福音书中的更多章节证明大公教信仰的同一命运。帕克西亚对二神崇拜的嘲弄应予驳斥。

当马大[3]在后来的章节中承认耶稣是上帝之子的时候[4]，她的行为与彼得和拿但业[5]的行为大同小异[6]；然而，即使她有了这一行为，她也马上知道了真相：因为，看哪，主就要将她弟弟起死回生的时候，主仰

---

〔1〕 《约翰福音》10：32。
〔2〕 《约翰福音》10：34—38。
〔3〕 Martha，圣经人物，耶稣的朋友，马里亚和拉萨路的姐姐。——译注
〔4〕 《约翰福音》11：27。——译注
〔5〕 见本书 p.104 注 5。——译注
〔6〕 《马太福音》16：16。

视天空,当然是以子的身份〔1〕,向他父亲致辞:"父啊,我感谢你一直听我讲的话,正因为这些站在这里的人群,我才和你讲话,他们可能相信是你差遣我来的。"〔2〕(在后来的一个情况下)由于他心里忧愁,他说:"我说什么才好呢?父啊!救我脱离这个时刻,但我原本是为这个时刻而来的;只是,哦,父啊,愿你荣耀你的名字。"〔3〕——他以圣子的身份说话。(另外一次)他说:"我奉我父的名义而来。"〔4〕于是,当圣子向父亲致辞的时候,他自己的声音的确已经足够有力。然而,看哪,圣父从天上做了众多回复(作为证据),为的是给圣子做证明:"这是我的爱子,我对他很满意,你们要听他的。"〔5〕所以,在那个郑重声明中,他再次说,"我已经荣耀了你的名字,还要继续荣耀。"〔6〕顽固的帕克西亚,你发现了几个灵体?发出声音的很多,你发现的灵体没有那么多吧?你知道有地上的圣子,有天上的圣父。这并不是分离;这只是神圣的安排。然而,我们知道上帝是处在深不可测的深处,无处不在;靠的是力量与权威。我们也确信,圣子由于与圣父不可分隔,与他在一起而无处不在。然而,在排列或称安排的系统中,圣父决意让人们认为圣子在人间,他在天上;尽管圣子实际上无处不在,但是他无论自己在哪里他都仰望,祈祷,并向圣父祈求;无论他在哪里他都叫我们站起来,祈祷"我们在天上的父"〔7〕等等。圣父决意让他所在的天做他自己的王座,他将圣子差遣到人间,让圣子"比天使微小一点"〔8〕,但同时又"赐他荣耀和尊贵为冠冕"〔9〕,甚至将他带回到天上。圣父说"我既已经给了你荣耀,还将再次给你荣耀"的时候,他对圣子履行

〔1〕《约翰福音》11:41。
〔2〕《约翰福音》11:41—42。
〔3〕《约翰福音》12:27—28。
〔4〕《约翰福音》5:43。
〔5〕《路加福音》9:35。
〔6〕《约翰福音》12:28。
〔7〕《马太福音》6:9。
〔8〕《诗篇》8:5。
〔9〕《诗篇》8:5。

了这一点。圣子在人间提出请求,圣父在天上给予承诺。那么你们为什么把圣父和圣子都说成是说谎之人呢？ 如果或者圣父自己就是在人间的圣子,圣父在天上向他的儿子说话;或者圣父自己就是在天上的圣子,圣子向圣父祈祷,那么,既然圣子就是圣父,圣子怎么可能通过向圣父请求向他自己做了请求呢？ 或者,从另一方面讲,既然圣父就是圣子,那么圣父通过向儿子许下一个承诺,就是向他自己许下了一个承诺吗？我们甚至还需要认为他们是两位不同的上帝吗？ 既然你这么喜欢不假思索地反对我们,那么,认为他们是两个不同的上帝就会比维持一个你们的反复无常、变化多端的一个上帝似乎是更让人容易容忍的主张。于是,在那段话中,上帝在我们之前,向当时在场的人说:"这声音,不是为我,而是为了你们。"[1]同样,这些想象的东西可以让人同时相信圣父和圣子,分别以他们两者自己的名字、位格和地位。"然而,耶稣大声说,相信我的人,相信的不是我,而是相信差遣我来的父。"[2]原因是人们是通过圣子而相信圣父的,并且圣父是权威,这一权威又是人们对圣子信任的来源。"谁看到了我就看到了差遣我来的他。"[3]怎么会这样呢？ 甚至是因为(如圣子后来所声明的),"我讲话不是凭自己的身份,而是凭着差遣我来的父亲,我必须说什么,讲什么,他已经给了我圣训。"[4]因为"主,上帝赐给我受教者的舌头,使我知道我应该讲话的时候,"[5]我实际上应该讲什么话。"甚至如父亲对我已经说过的什么话,我也必须说。"[6]那么这些事情是以什么方式说给他的呢？ 福音传播者,受人爱戴的使徒约翰比帕克西亚知道得更清楚,所以他将自己的意思补充说:"逾越节以前,耶稣知道圣父

---

〔1〕《约翰福音》12:30。

〔2〕《约翰福音》12:44。

〔3〕《约翰福音》12:45。

〔4〕《约翰福音》12:49。

〔5〕《以赛亚书》50:4。

〔6〕《约翰福音》12:50。

已经将万有交在他手里,并且知道自己从上帝那里来,又要归到那里去。"[1]然而,帕克西亚却会说,这是圣父自己从自己那里出发,并已经回归到他自己那里去;那么魔鬼放到犹大心里的不是对圣子的背叛,而是对圣父本身的背叛。但是就这件事来说,事情的结果对魔鬼和对持异端者均没有裨益;因为,即使在圣子的那个案例上,魔鬼精心打造的对他的背叛并没有对帕克西亚有利。受到背叛的是上帝之子,在人类之子的肉身中,恰如圣经后来所说:"如今人子得了荣耀,上帝在人子身上也得了荣耀。"[2]这里的"上帝"指的是谁? 当然不是圣父,而是圣父之道,在人子中——那是肉身,耶稣是在这肉身中得到神圣的力量和道的荣耀。他说:"上帝要因自己荣耀人子"[3],意思就是说,圣父应该让圣子得到荣耀,因为圣子自己心中就有圣父;即使是被降到地上,被处死,他还将很快因他的复活而得到圣父的荣耀,并将使他战胜死亡。

第 24 章
圣腓力和基督的谈话"谁看到了我就是看到了圣父"。这段话从反对帕克西亚的意义上的阐释。

但是有些人甚至到了这个时候还是不明白。长期持有怀疑态度的多马[4]说,"主啊,我们不知道你往哪里去,怎么知道那条道路呢?""我就是道路,就是真道和生命:如果不依靠我,没有人能到圣父那里去。你们若认识我,也就认识了我的父亲。从今以后,你们认识他,并且已经看见了

---

[1] 《约翰福音》13:1、3。
[2] 《约翰福音》13:31。
[3] 《约翰福音》13:32。
[4] Thomas,圣经人物,耶稣的12门徒之一,耶稣复活后曾向门徒显现,而多马不在场,因而对复活持疑感态度,直到亲眼见到复活的耶稣。见《约翰福音》20:24—28。——译注

他[1]。"现在我们来谈腓力",[2]他是因为有指望见到圣父而激动的人,却不明白从什么意义上理解"看见父"的意思。他说过:"求主将父显给我们看一下,我们就知足了。"[3]随后主回答他说:"腓力,我与你们同在这么长久,你还不认识我吗?"[4]那么,他所说的他们应该已经认识的是谁呢?——这就是讨论的唯一论点。他们应该已经认识的是圣父的身份还是圣子的身份呢?如果是圣父,帕克西亚肯定会告诉我们,那个与他们同处了那么长时间的耶稣怎么可能(我不会说"让人们理解成",而甚至是)让人们设想成一直是圣父呢?圣子在所有的经文中,都得到很明确的定义——在旧约中是上帝的基督,在新约中是上帝之子。他在古老的预言中是这个角色,他甚至由基督本人声明他的身份;不仅如此,就是圣父本身,在天上公开承认基督就是圣子,并且把他当做儿子才给他以荣耀。"这是我的爱子;""我已经给他荣耀,并且将要继续给他荣耀。"也是以这个身份,他的使徒才相信他,而犹太人拒绝他。此外,就是以这个身份,他希望无论何时只要他提及圣父,把优先权给圣父,向圣父表示敬意,人们都能接受他。那么,情况既然如此,不是他们在长时间的交流后还不知道的圣父,而是圣子,即主,在责备腓力不认识他而使他成了他们不知晓的对象的时候,主的确希望他能得到承认,而期望得到承认的身份就是在经历了长久的时间他们还不知晓的那个身份,也因为这一点他才责备他们——简而言之,就是圣子的身份。那么人们现在可以看出说下面这话说的意义了:"谁看见了我,就是看见了我父。"[5]——这甚至与前面的一段说的话是同一意思,"我与父原为一。"[6]为什么呢?因为"我从父那里

---

[1] 《约翰福音》14:5—7。

[2] 见 p.102 注 2。——译注

[3] 《约翰福音》14:8。

[4] 《约翰福音》14:9。

[5] 《约翰福音》14:9。

[6] 《约翰福音》10:30。

出来,来到了世界。"[1]还有"我就是道路,如果不依靠我,没有人能到父那里。"[2]接着,"若不是我父吸引人,没有谁能到我这里来。"[3]还有,"一切所有,都是我父交付给我的"[4],"父使人起死回生,子也这样做"[5];然后还有,"如果你认识我,你就已经认识了我父。"[6]因为在所有上述的这些经文中,他都将自己表现为父亲的特派代表。通过圣子的代理,人们在圣父的善事中甚至能看到圣父,在圣父的话语中听到圣父,在圣子对圣父的话语和事功的管理中承认圣父。就像腓力在律法中学习到的,在那一刻应该已经记得的那样,圣父的确是人们见不到的,"没有谁能看见我而又能够继续活下去。"[7]所以谁渴望看到圣父就会受到责备,因为那样一来,圣父就仿佛是个目之可见者;同时也会得到教导:人们只有在圣子代做的伟大善事中,而不是在圣父自己的形象显现中可以见到圣父。事实上,如果圣子想通过"谁看见了我就是看见了我父"的话语而说明这样的意思;圣父应当理解成同圣子一体,那么他怎么会随后立即补上一句:"我在父之中,父在我之中,你们不信吗?"[8]他本来该说的是:"你们不信我就是父吗?"如果他不是为了希望人们明白他就是圣父之子而做出澄清的努力,还有什么原因使他在这点上如此强调呢? 然后,他又说:"你们不相信我在父之中,父在我之中。"[9],通过这句话他更为有力地强调了:不能因为他曾经说过:"'没有谁能看见我而又能够继续活下去',人们就应该把他看成是父"。原因是:他既然一直承认他自己是儿子,并且是从父亲那里来,他从来没有希望人们把他当成圣父看待。随后

---

〔1〕《约翰福音》16:28。
〔2〕《约翰福音》14:6。
〔3〕《约翰福音》6:44。
〔4〕《马太福音》11:27。
〔5〕《约翰福音》5:21。
〔6〕《约翰福音》14:7。
〔7〕《出埃及记》33:20。
〔8〕《约翰福音》14:10。
〔9〕《约翰福音》14:11。

他也把两个位格的关联放置于最容易让人看清的地方,目的是让人不要怀抱希望能看到圣父,那样一来圣父就似乎是独立可见的了,另一个目的是:人们才可能把圣子看成是圣父的代表。同时他也没有忽略如何解释圣父是怎么样在圣子之中,圣子怎么样在圣父之中。——他是这样说的:"我对你们所说的话,并不是我自己说的"[1],因为确确实实,那些话是父亲说的:"乃是居于我之中的父说的,也是他做的善事。"[2]所以,居于圣子之中的圣父是通过伟大善事和他教义之中的话才让人们看见了他——甚至他所凭借的是留存在圣子心中的善事和话语,凭借他所留存于圣子心中的圣父;两个位格共有的那些特殊性质,在这种情况下,都很明显,他说:"我在圣父之中,圣父在我之中。"[3]相应地,他补充说:"你们应当相信我——"相信什么? 我是圣父吗? 我没有看到这样的写法,而是看到"我在父之中,父在我之中,即或不信,也当因我所做的事而相信我。"[4]意思就是圣父在圣子之中表现出自己的那些善事,不是在人类的视线内,而是在人类的智慧中展现出来的。

第 25 章

保惠师或称圣灵。他与圣父及圣子就位格的存在而言是不同的,但是,作为他们神圣的本性,他与他们是一体,是不可分割的。圣约翰福音中的其他引文。

紧跟着腓力的问题、主对问题的处理,直到《约翰福音》书结尾的全部内容继续给我们提供同样类型的陈述,用圣父和圣子各自的特性区分了

---

[1] 《约翰福音》14:10。
[2] 《约翰福音》14:10。
[3] 《约翰福音》14:10。
[4] 《约翰福音》14:11。

他们二者。然后就是圣灵或称保惠师,圣子承诺向圣父祈祷就是为了圣灵,圣子在升到天上圣父那里以后,要从天上派下去的也是圣灵。圣子确实被称为"另外一个保惠师"[1];然而他在哪些方面是另外一个保惠师——我们已经给予了说明,耶稣说,"他将接受属于我的一切"[2]。恰如他自己从圣父那里接受圣父的一切。这样,在圣子中与圣父的联系以及在保惠师中与圣子的联系,产生了三个连贯的位格,并且各自不同。这三者是一个本质,但不是同一个位格,正如圣经所说:"我与父原为一。"[3]这是指本质的统一而不是数字的单一。如果把整个福音书从头到尾看一遍,你就会发现,你相信是圣父的那位(被形容为代父行事,尽管你确实认为圣父作为"管理人"[4],肯定应该在地上)再次由圣子给予承认,是在天上,"他举目望天"[5]。他把门徒交托给圣父予以保护[6]。此外,在另外的福音书中,我们得到清晰的启示,例如,圣子与圣父的区别,"我的上帝,为什么离弃我?"[7](在第三本福音中)还有,"父啊,我把我的灵魂交在你手里。"[8]然而,即使(我们没有这些章节)在他复活和战胜死亡的辉煌胜利以后,我们也会遇到令人满意的证据。既然对他耻辱的所有困厄因素都已经除掉了,如果可能,他会在那个忠诚的女人(像抹大拉的玛丽亚[9]那样)出于爱,而不是出于好奇或者是多马[10]那样的怀疑,靠近他想要触摸他的时候,他就会显示自己圣父的身份。然而情况不是

---

[1]《约翰福音》14:16。
[2]《约翰福音》16:14。
[3]《约翰福音》10:30。
[4]《约翰福音》15:1。
[5]《约翰福音》17:1。
[6]《约翰福音》17:11。
[7]《马太福音》27:46。
[8]《路加福音》23:46。
[9] Mary Madelene,圣经人物,耶稣曾经从她的身上赶出了 7 只污鬼(见《路加福音》8:2)。——译注
[10] 见本书 p.114 注 4。

这样，耶稣对她说，"不要摸我，因为我还没有升上天到我父亲那里；你往我兄弟那里去"[1]，（即使这里他都证明他自己是儿子）如果他是父亲，他就会称他们为他的孩子（而不是他的兄弟），"去告诉他们说，我要升上天去见我的父，也是你们的父，见我的上帝，也是你们的上帝"[2]。那么，这里的意思是我作为父亲升上天去见父亲，作为上帝去见上帝还是作为儿子去见父亲，作为道去见上帝呢？为什么这本福音书，恰恰在终结处明确地表明这些事情都是写着的；如果不是，就使用它自己的语言，"要叫你们相信耶稣是基督，就是上帝的儿子"[3]吗？所以，每当你假设这里面的章节都可以论证你的观点，可以将这本福音书中无论哪一个陈述用于论证父与子的身份，那么你就是在向福音书的明确意图叫板，准备论争。因为你竟然可以相信耶稣基督是父亲而不是儿子，但是这样的事情肯定没有记载。

第 26 章
简要地参考圣马太的福音和圣路加的福音，他们在关于父与子不同位格的问题上，与圣约翰意见相同。

除了腓力的谈话以及上帝对谈话的回复之外，读者将观察到，我们已经将《约翰福音》从头到浏览了一遍，可以看到不管是在这章之前还是之后，有着清晰主旨的很多别的章节，都严格地与那独一无二并突出的声明保持一致，务必与别处的理解一致，而不是与之相反，并且确实是与它自己固有的自然意义一致。我不会大量使用别的福音书来支持这个观点，确认我们由于基督降生而生的信仰：注意到基督作为"上帝之子"由一个

〔1〕《约翰福音》20：17。
〔2〕《约翰福音》20：17。
〔3〕《约翰福音》20：31。

童女所生这一事实是由天使本人[1]明确声明的就已经足够了:"圣灵要降临到你身上,至高者的能力要使你得到荫庇,因此你所要生的圣者一定要被称为上帝之子。"[2]即使他们想要在这个章节上吹毛求疵,但是获胜的将是真理。他们当然说上帝之子就是上帝,至高的权能就是最高的。而且,他们会毫不犹豫地含沙射影,说如果是真理,就肯定有文字记载。天使[3]所害怕的那位是谁,以至于不明白地宣布"上帝要降临到你身上,至高者要使你得到荫庇"? 现在通过使用"圣灵"(尽管圣灵就是上帝)这样的说法,还用那不直接提到上帝[4]的方法,天使加百列希望整个神性这个部分使人明白,而这部分的神性将要退回到"圣子"的这一称呼上了。在这个章节中,圣灵和道必须是相同的。就像约翰说"道成了肉身"的时候[5],我们也是在约翰提到了道的时候明白了圣灵:所以,在这里,我们也在圣灵的名义下承认了道。因为一方面圣灵是道的本质,另一方面道是圣灵的运作,二者合成一体(和同体)。那么,如果圣灵不是道,道不是圣灵,当约翰说——道"成了肉身"的时候,他指的肯定就是一体;而天使加百列说他"即将被生下来"的时候,加百列肯定指的是另外一位。因为恰如上帝之道实际上不是上帝(圣子的道是圣子),所以圣灵(虽然圣灵被称为上帝)实际上也不是圣子(虽然人们说:圣子的灵是圣子)。没有什么属于他者的东西同时又恰恰与属于自己的东西完全同一。显然,无论何物,只要来自某人,所以属于这个人,那么,因为此物从他而来,所以此物可能在性质上与那个人本身是一样的,因为此物来源于此人,属于此人。所以,圣灵就是上帝,道是上帝,因为都来自上帝,然而道实际上并不与上帝完全一样,虽然他来自上帝。现在,虽然上帝实际上存在,但是他不可

---

〔1〕 这里指的是加百列(Gabriel),他在新约中宣布耶稣的诞生,见《路加福音》1:26—38。——译注

〔2〕 《路加福音》1:35。

〔3〕 这里指的还是加百列。——译注

〔4〕 这里指的是用"至高者的能力"的间接说法。——译注

〔5〕 《约翰福音》1:14。

能就是(排斥他者的)上帝自己,不过到目前为止,是与上帝自己的本质相同的那位上帝,是而且因为确实存在的上帝,是整体的一部分,那么哪位是上帝的上帝?"至高者的能力"就将更不会是至高者自己,因为能力不像圣灵那样,是确实存在的东西——就同(上帝的)智慧和(上帝的)天命都不是上帝是一个道理:这些属性都不是本质,而是独特本质的次要特征而已。

能力是圣灵附带的,它自己并不是圣灵。所以,这些事物不管它们是什么——(我的意思是)不管是上帝之灵,还是道和能力——都已经赐予给那个童女,降生于她的就是上帝之子。这点,在其他那些福音书中圣子自己也从他的少年时代就给予了证实:"你们岂不知?"他说,"我应当以我父的事业为念吗?"[1]同样,撒旦知道在他的诱惑中他是这样的:"既然你是上帝的儿子"[2],相应地,魔鬼也承认他的身份:"我们知道你,知道你是谁,你是上帝的神圣儿子。"[3]圣子自己爱"他的父亲"[4]。彼得承认他是"上帝的(儿子)基督"的时候[5],他没有否认他们的关系。他对他父亲说话的时候精神上是欢欣鼓舞的,"父啊,我感谢你,因为你把这些事对聪明通达的人隐藏起来"[6]。更进一步的是,他又肯定,父不为别人所知,只有子知道父[7];圣子继而许诺,作为圣父之子他会在父亲面前把那些承认他的人都予以承认,否认他的那些人都予以否认[8]。他还介绍了一个儿子(而不是父亲)在众多仆人之后受派去葡萄园执行使命的寓言故事[9],结果他们被从事饲养的农夫杀害了,后来父亲为儿子报了仇。圣

〔1〕《路加福音》2:49。

〔2〕《马太福音》4:3、6。

〔3〕《马可福音》1:24;《马太福音》8:29。

〔4〕《马太福音》11:25;《路加福音》10:21;《约翰福音》11:41。

〔5〕《马太福音》16:17。

〔6〕《马太福音》11:25。

〔7〕《马太福音》11:27;《路加福音》10:22。

〔8〕《马太福音》10:32—33。

〔9〕《马太福音》21:33—41。

子还对最后的日子和时辰一无所知,那是只有圣父知道的事情[1]。圣子把国(家)奖赏给他的众位门徒,因为他说国是父亲指定给他自己的[2]。此外,如果圣子有意愿,他有能力可以从上帝那里请求众多天使给他提供帮助[3]。他高声说出,父已经离弃了他[4]。他把灵魂托付到父亲手中[5]。在他复活之后向众位门徒保证的时候,承诺他会把圣父的应许送达给他们[6];最后,他委托那些门徒给人们施以洗礼引导他们进入圣父、圣子和圣灵之中,而不是进入单独位格的上帝之中。而且事实上不是一次,而是三次,我们沉浸在三个位格之中,并且每次都屡屡提到他们的名字。

第 27 章

父与子的区别由此奠定。他现在证明了两种性质的区别,而并不混淆的这两种性质的区别在圣子的位格上得到统一。帕克西亚的托词因此暴露。

但是我为什么还要在这么明显的事情上反复纠结呢?实际上我应该掊击的是他们极力混淆最清楚的证据这方面的一些观点。因为,有关父与子的区别我们在没有破坏父与子不可分离的统一这一事实的基础上是一直坚持的,还举过像太阳和阳光,泉水和河流的例子;然而,他们明明在各个方面受到批驳,可是仍然在他们不可分割数字(想法)的帮助下,在二

---

〔1〕《马太福音》24:36。
〔2〕《路加福音》22:29。
〔3〕《马太福音》26:53。
〔4〕《马太福音》27:46。
〔5〕《路加福音》23:46。
〔6〕《路加福音》24:49。

和三(的问题上),竭力用与他们的观点吻合的方式解释这个区别:结果导致三者都在一个位格上,他们区分为二,父与子:理解为儿子是肉身,是人,是耶稣;父亲是灵,是上帝,是基督。于是,他们在主张父与子是一体,是同体的时候,事实上开始做的并不是把二者统一在一起,而是将他们分离。如果说耶稣是一位,基督是另外一位,那么圣子就不同于圣父了,因为圣子是耶稣,而圣父是基督。我猜想,这样的神性唯一性他们正是在瓦伦廷学派中学到的,创造出两个灵体——耶稣和基督。然而事实上,他们的这个观点,在我们以前介绍的观点中已经遭到批驳,因为上帝之道和圣灵也称为至高者的能力,人们正是把至高者定为圣父的;然而这些关系本身与据人们所说的圣父关系并不相同,圣父的关系实际上来自圣父并附属于圣父。不过,对他们异端的这个观点所做出的另外一个驳斥正等着他们呢。他们说,你看,这是天使宣布的:"因此你所要生的圣者必称为上帝之子。"〔1〕于是(他们争论说)因为诞生出来的是肉身,那么肉身是上帝之子。不是的(我回答道),这话涉及的是圣灵。因为童女所怀的当然是圣灵;是上帝怀了而由童女生出来的。所以,必须怀上并生出来;也就是说,是圣灵,其"名字应称为以马内力"〔2〕,解释出来就是"上帝与我们同在"〔3〕。况且,肉身不是上帝,所以,有关这一点的话语"因此你所要生的圣者必称为上帝之子"就不可能说出来了;不过,生于肉身的正是那圣者,《诗篇》也这样谈论过他,"上帝在这里面成为人,在圣父的意愿下竖立起这城。"〔4〕那么,在其中诞生了的是哪个神圣的位格呢? 是道,以及按照圣父的意愿与道一起成了肉身的灵。所以,道化成了肉身;这点必须是我们的研究焦点:道是怎么化成肉身的? ——是好像他已经通过在肉身

---

〔1〕 《路加福音》1:35。

〔2〕 Emanuel,也拼作 Imanuel,希伯来语中的音译词,由于其含义是"上帝与我们同在",于是成为犹太教和基督教信徒的问安语。——译注

〔3〕 《马太福音》1:23。

〔4〕 《诗篇》87:5。

中变形;还是把自己像穿衣服一样装在肉身里面呢？当然是后者——把自己装在肉身里。其余的,我们必须相信上帝是不变的,由于是永恒的,所以不能变形。但是变形是以前所存在的形式遭到破坏。因为无论是什么,只要变形而成了它物,都不再是此前状态的那个东西了,并且开始成为与此前存在形式不同的东西。但是,上帝既没有改变他原来的状态,也不能变成除了他自己外的任何别的形式。道就是上帝,并且"主的道永存"——即使他通过不变化地坚持自己的固有形式也是如此。因此,如果他现在不承认变形,那么结论必然是,当他成为肉身,并且以肉身形式显现并被人看到,他则必须从这个意义上被人理解为已经变成肉身了;因为所有其他要点都要以同样方式理解方可。如果说通过变形并改变其本质成为肉身,那么立即就得出结论:耶稣必然是由两个本质——肉身和灵合成的一个本质,是混合物,就像琥珀金,由金和银合成;开始产生的结果是:它既不是金(灵),也不是银(肉身),变成了一个被他者改变了的存在,成了第三种本质。所以,在这种情况下,基督不可能是上帝,因为上帝成了肉身后已经不再是道;他也不是肉身之人,因为他已经不完全是肉身,而是道所成的肉身。所以说,作为两者混合的结果,他其实两者谁也不是,毋宁说是某个第三种本质,与那二者都完全不同。然而,事实是,我们发现,他被明确地宣布既是上帝又是人;就是我们引用的《诗篇》本身正暗示了(关于肉身的事),"上帝在这里面成为人,在圣父的意愿下竖立起这城。"——鉴于道只能是上帝不会是他者,肉身只能是肉身不是什么别的这一事实,作为上帝之子和人子,在所有方面,都是上帝和人,因此,毫无疑问,按照自己特有属性中的每一种本质二者都是不同的。于是使徒保罗在涉及他的两种本质时是这样教导的:"是大卫后裔生的";在这一话语中,他就是人,是人子。"按圣善的灵所说,是上帝的儿子。"[1]而在这些

---

〔1〕 "是大卫后裔生的",请见《罗马书》1:3;"按圣善的圣灵说"一句请见《罗马书》1:4。——译注

语句中,他将是上帝,是道——是上帝之子。我们清楚地看到未遭混合的双重形态,却是联合在一个位格之中——耶稣,上帝和人。有关基督我会把我要说的话推迟一下。(在此我要讲)每个本性的性质都完整保存,以至于圣灵一方面在耶稣身上做了适合圣灵的所有事情,例如那些奇事,伟大的神迹以及种种奇迹[1];另外一方面,肉身展现出属于肉身的各种感觉和情感。那是魔鬼诱惑下的饥饿,是同撒玛利亚女人一起的焦渴,是对抗拉萨路[2]的哭泣,甚至对于死亡感到了困惑,最后,确实死了。然而,如果它只是个中间物,是两种本质形成的复合性的精华,就像(我们已经提到过的)琥珀金,那么对两种性质的哪一种都不会有明显的区别性证据。但是,只要进行功能的转换,圣灵就可能做了本该是肉身所做的事情,肉身是靠圣灵实现的;或者是有些事情既不适合肉身也不适合圣灵,而是混乱地由某种第三个特性完成。此外,有关这个假设,要么是道经历了死亡,要么是肉身没有死,最后道转变成了肉身,原因是要么肉身是不朽的,要么道只是形式。鉴于两种实质分别以自己的特性各自行动,于是必然形成他们自己的运作和他们自己的结果。那么,就和尼哥底母一起学学“从肉身中生的就是肉身,从灵中生的就是灵。”[3]肉身没有变成灵,灵也没有变成肉身。毫无疑问,二者在一个位格上很有能力共存。耶稣由二者构成——肉身的人;有灵的上帝——另一方面,涉及到他成为圣灵所依赖的性质——也就是为肉身保存“人子”这一名称,天使才称他为“上帝的儿子”[4]。同样,保罗称

---

[1] 以上的“奇事”、“神迹”和“奇迹”(miracles, mighty deeds and wonders)源于《哥林多后书》12:12。它们指的是耶稣赶出附体之鬼,使哑巴说话,以5饼2鱼让5000人吃饱等事。——译注

[2] Lazarus,圣经人物,耶稣比喻里的穷人,死后由天使带去放到亚伯拉罕的怀里,与生前奢华宴乐死后在阴间痛苦的财主形成尖锐对比。事见《路加福音》16:19—24。——译注

[3] 《约翰福音》3:6。

[4] 《路加福音》1:35。

他为"在上帝和人之间的中保"[1]，确认了他在两种本质中的参与。那么，为了结束这一讨论，你们既然把上帝之子解释成肉身，那么能不能慷慨地向我们说明人子是谁吗？我想知道，他会是圣灵吗？但是你们坚持说圣父自己是圣灵，理由是"上帝是灵"，就仿佛我们没有也读到过"圣灵"这样的说法一样；同样我们也发现了"道就是上帝"，同时也有"上帝之道"的说法。

第 28 章

基督并非如帕克西亚所说，是圣父。这个观点的前后矛盾与它的荒谬一样，均遭揭露。圣保罗关于耶稣的真正教义与其他神圣作者的观点是一致的。

所以，极为愚蠢的持异端者啊，如果基督确实只是个名字，而不是个姓氏，或者称号，你把基督说成是圣父，却从来没有考虑到这个名字的实际力量，因为它意味着"受膏"。但是"受膏"是一个专用词语，与"穿衣服"或者"穿鞋"大同小异，这只不过是一个名字的附加物而已。假设用某种方法，耶稣也被称呼为"穿上圣衣者"（"穿衣者"），因为耶稣实际上是在他接受恩膏礼的神秘中被人们称为基督的，你会同样说耶稣就是上帝之子，同时认定"穿上圣衣者"就是圣父吗？那么现在，谈到基督，如果基督就是圣父，那么圣父就成了接受恩膏者，接受另外一个人对他施以敷擦圣油的过程。另外，如果他接受的过程是他自己做的，那么你必须向我们证明这一点。但是我们在《使徒行传》中了解到的在教堂里向上帝发出的高呼时的事实却不是那样，而是："希律和本丢·彼拉多、外邦人和以色列百姓果

---

[1]《提摩太前书》2:5。

然在这城里聚集,要攻打你所施以恩膏的圣子耶稣。"[1]这些话既证实了耶稣就是上帝之子,又证实了耶稣作为儿子,接受了父亲的膏礼。所以,基督肯定就是耶稣,接受了圣父的涂膏之礼,而给儿子施以膏礼的则是圣父。起到同样作用的是彼得的话:"故此,以色列全家应当确实地知道,你们钉在十字架上的这位耶稣,上帝已经让他为主,为基督了。"也就是,接受膏礼了[2]。此外,约翰把"否认耶稣就是基督"的那个人标为"骗子";而另一方面,他声称"凡相信耶稣是基督的,都是从神而生。"[3]因此,他也告诫我们应该相信他(圣父)的儿子耶稣基督,"我们的交契乃是与圣父以及他儿子耶稣基督之间的。"[4]同样,保罗处处提到"圣父上帝和主耶稣基督"。当保罗写信给罗马人的时候,他靠我们的主耶稣基督感谢上帝[5]。在写给加拉太人的时候,他声称自己是"当使徒不是由于人,也不是藉着人,乃是藉着耶稣基督以及圣父上帝。"[6]你们确实拥有他所有的文字,这些文字简单明了地证实了同样的结果,阐明了两者——圣父上帝,和我们的耶稣基督,圣父的儿子。(他们同样也证实了)耶稣自己就是基督,在这个或者那个命名中他是上帝之子。两个名称恰恰以同样的权力,都属于同一个位格,即使是上帝之子,用两个名字中的随便哪个不用另一个,都确实属于同一位格。结果是,不管耶稣这名称是不是单独出现,人们也都可以理解基督,因为耶稣是接受恩膏者;或者如果基督是所给的唯一名字,那么耶稣与基督相同,因为受膏者是耶稣。所以,在耶稣基督这两个名字中,前者是专有的,是天使给他的名字;而后者仅仅是辅助语,从他的受膏事实上可以断言为他的属性,因此揭示了限制性的条款:基督必须是儿子,而不是父亲。如果一个人不能通过基督这个名称感觉到到还暗示了别

---

[1] 《使徒行传》4:27。
[2] 《使徒行传》2:36。
[3] 《约翰一书》2:22;4:2—3;5:1。
[4] 《约翰一书》1:3。
[5] 《罗马书》1:8。
[6] 《加拉太书》1:1。

的神,如果把基督的名字归于圣父,该是多么盲目愚蠢啊!因为如果基督就是圣父上帝,当基督说"我要升上天去见我的父亲,也是你们的父亲;见我的上帝,也是你们的上帝"[1]这番话的时候他显然明白无误地告诉我们在他之上有另外一位父亲,另外一位上帝。那么再次说,如果圣父就是基督,他必然是另外一个存在,他"使雷声更强,创造了风,将心意指示给人,他的基督"[2]。并且,如果"世上的君王一齐起来,臣宰也聚集在一起,要抵御主,抵御主的基督"[3]。那么,这个主一定是另一个灵体,就是他的基督要受到君主和臣宰们的抵御。那么引用另外一个段落,如果"这样耶和华对我主基督说"[4],对基督父亲讲话的主必然是一个截然不同的他者。此外,当使徒保罗在书信中祈祷说:"我们主耶稣基督的上帝,把赐给人智慧的灵魂赏给你们,使你们真的知道他。"[5]那么这位"上帝"必然是(基督之外)的他者,是耶稣基督的上帝,是灵魂恩赐的授予者。我们一劳永逸,不会踯躅蹀躞在每一个段落之间,他"让基督死里复活,也使你们必死的身体活过来"[6],如果死了的基督是父亲,作为使之复活的这位,理所当然的不是已死的父亲,甚至也不是从死中复活的父亲。

第 29 章
死去的是基督,圣父无论是单独还是与他者在一起受苦都是不可能的。帕克西亚的假定论点推衍出亵渎神灵的结论。

安静!不要说出这样亵渎神灵的言词!让我们对于拯救已死的圣父

---

〔1〕《约翰福音》20:17。

〔2〕《阿摩斯书》4:13。

〔3〕《诗篇》2:2;4:26。

〔4〕《以赛亚书》45:1。

〔5〕《以弗所书》1:17。

〔6〕《罗马书》8:11。

之子——基督感到遂心称意吧！到此结束就知足惬怀吧！因为圣经经文已经告诉我们不少了！即使是使徒对他所做的宣言并非没有感到重量——"基督死了"[1]，他马上给宣言补上"根据圣经经文所说"，为的是能缓和由圣经的权威给声明造成的束缚，免除给读者造成的冒犯。虽然有人断言基督身上有两种本质——即神圣的和人性的两种本质——明白的结论就是，神圣的性质是不朽的，而人性的性质是终有一死的，那么显而易见的就是他在什么意义上声称"基督死了"，是甚至在如下的意义上：他是肉身的，是人，是人子；而不是灵，道以及上帝之子这个意义上。简而言之，既然他说死的是基督（即是说，是接受恩膏者），那么他就是让我们知道：死去的是受膏的上述那种"人性的性质"，一言蔽之，肉身。你们说，很好；因为在我们这方，我们断言我们的教义与你方所使用的关于圣子的说法完全一样，我们并没有亵渎主，上帝，因为我们并没有坚持说他是按"神圣的性质"死的，而是按人性的性质而死的。不，你们还是亵渎神灵了；因为你们不仅仅硬说圣父已经死亡，而且还声称他的死是十字架之死。因为"凡挂在木头上的都是被诅咒的"。按照律法，诅咒与圣子是相符的（鉴于有"基督为我们受了诅咒"[2]的说法，但肯定不是指父亲）。他的尸首不可留在木柱上过夜，有必要当日将他葬埋，免得玷污了耶和华你上帝所赐你的为业之地。因为被挂在木柱上的是在上帝面前受诅咒的[3]。然而由于在你把基督转变成圣父之时，你就会受到亵渎圣父的指责。但是，我们声明基督被钉在十字架上处死的时候，我们不是用诅咒诽谤他，仅仅是重申律法宣布的诅咒而已；事实上，使徒说的和我们说的是同一件事之时，他也没有亵渎神灵。除此之外，因为对于很适用于它的主题给予肯定并没有亵渎神灵的意思；所以，在另一方面，引证不适合于其

---

〔1〕《哥林多前书》15：3。

〔2〕《加拉太书》3：13 的这一小节既讲到了"凡挂在木头上的都是被诅咒的"，也讲到了"基督既为我们受了诅咒……"——译注

〔3〕《加拉太书》3：13；《申命记》21：23。

德尔图良著作三种

主题的时候就是亵渎神灵了。也是根据这个原则，圣父同与圣子一起受难一事没有关联。持异端者确确实实因为害怕引起对圣父的直接亵渎，便企图用下面的权宜之计减少它的冲击力：他们到目前为止权且向我们承认父与子是两者；但是补充说，因为受难的确实是圣子，而圣父仅仅是圣子的共同患难者。可是，在这个别出心裁的想法中他们是多么荒谬可笑啊！"共同患难"是什么意思，不就是与另外一个人共同忍受痛苦吗？那么，如果圣父受苦是不可能的，他就无法陪同他者受苦；否则，如果他能够与他者共同受苦，他当然就是可以受苦的了。事实上，你们用你们害怕亵渎圣父的借口并没有给圣父让出什么。你们害怕说他能够受苦，而将他设为能够共同受苦。接下来要重申的是，圣父不可能与圣子共同受苦，就如同圣子甚至是不能以上帝身份而存在的条件下受苦一样。那么，如果圣父没有与圣子共同受苦，圣子怎么能受过苦呢？我的答案是，父与子分开了，虽然分开时圣子身份不是上帝。因为尽管河水流自于源泉，源泉从性质上跟河是相同的，河并没有与源泉分离，如果河水甚至因为泥沼和泥浆而受到了污染，而影响到溪流的那种危害不可能到达源泉；并且，尽管受危害的是从源泉流下去的水流，但既然源泉处还没有受到污染，仅仅是河流受到了危害，所以源泉没有受到半点影响，危及的只是从源泉流出的河流而已。所以，上帝的圣灵也是这样，不管圣子能遭受什么样的痛苦，鉴于作为神格的源泉——圣父是不能遭受的，受罪的只是圣子，最终已经受罪的不可能是圣父。我说到这儿已经足够了：上帝之灵既然是上帝之灵，什么罪也没有遭过，原因是，所有受的苦都是在圣子身上遭受的。圣父与肉身的圣子共同受苦完全是另一回事。这一点我们同样已经讨论过了。没有人能够否认这个事实，因为连我们自己都没有办法为上帝受苦，除非上帝之灵在我们体内，不管什么，只要属于我们的行为和苦难，我们都用我们的手法表达出来；无论如何，都不是他在我们遭受的苦难中独自受苦，他只是将受苦的力量和能力投放到我们身上。

第 30 章

圣子是如何在十字架上遭到圣父离弃的。其中对帕克西亚致命的真正意义是什么。还有基督的复活、升天、坐到圣父的右手边以及圣灵的使命。

然而,如果你们坚持继续推衍你们的观点,我会找到更有说服力的方式回复你们,用主自己的惊叹回应你们,用这下面的问题挑战你们:你们的提问和理由是什么? 你们看到主在自己的激情中惊叹:"我的上帝,我的上帝,你为什么离弃了我?"〔1〕那么,要么就是圣子遭到父亲的离弃而受苦,圣父由于离弃了儿子,没有受半点苦;要么就是受苦者是圣父,那么圣子是对哪个上帝哭着诉说的呢? 然而,这是肉身和灵魂的声音,也就是说,是人的声音——而不是道或者圣灵的声音,也就是说,不是上帝的声音;是这样发出的声音,用于证明上帝不受苦难的天命,上帝"离弃"他的儿子,程度只是将圣子的人性本质交给死亡的痛苦。这一真实性使徒保罗在写到如下效果时,也感觉到了:"如果圣父连他自己的儿子都舍得"〔2〕——他连自己的儿子都舍得,为我们众人把他交出来,难道不也把万有和他一同白白地赐给我们了吗? 以赛亚在他之前就有过这样的认识,他声称:为我们众人把他交了出来。〔3〕圣父就是这样,"离弃"了圣子,而没有保全他;"离弃"他,把他交了出来。在所有其他方面父并没有离弃子,因为子把自己的灵魂已经交在父的手中〔4〕。确实,在交给圣父手中以后,他马上死了;因为灵魂和肉身仍然同在,所以肉身不会经历完整程度的死,比如,腐烂和腐朽。所以,对圣子来说,死与被其父亲离弃是

---

〔1〕《马太福音》27:46;《诗篇》22:1。

〔2〕《罗马书》8:3。

〔3〕这是《以赛亚书》53:5—6 的意思,不是原话。——译注

〔4〕《路加福音》23:46。

同等的。然后,根据圣经经文的说法,圣子死了后又死而复生[1]。同时,升到天的高处[2]以及下到人间的也是圣子[3]。"他坐在圣父的右手边"[4]——而不是圣父在圣父自己的右手边。斯提反[5]在遭受石击而殉难的时候,看到圣子仍然坐在上帝的右手边[6],他会一直坐在那里,直到圣父让他的敌人做了他的脚凳[7]。他会再次出现在天上的云彩中,正如他升到天上出现时候一样[8]。同时,他已经收到了圣父所应许的礼物,并发送出来,甚至是圣灵——神格的第三个名字,神性威力的第三等级;对所有听到并接受新预言话语的人来说,他都是上帝唯一的宣告者,同时又是神圣排列的解说人;根据基督教义的神秘真理,就像在圣父,圣子和圣灵中一样,是"所有真理的引导人"[9]。

第 31 章
帕克西亚异端学说走回头路的性质。神圣的三位一体的教义构成了犹太教和基督教的巨大区别。

然而,你们这个教义包含着与犹太教信仰的相似性,这就是犹太教的本质——相信一个上帝而拒绝承认在他身边的圣子,以及圣子后面的圣灵。那么如果没有你们正在极力摧毁的这一区别,我们和他们之间还有

---

[1]《哥林多前书》15:3—4。

[2]《约翰福音》3:13—14;《以弗所书》4:8。

[3]《以弗所书》4:9。

[4]《马可福音》16:19;《启示录》3:21。

[5] Stephen,圣经人物,耶路撒冷教会选出的7位领袖之一。他为上帝作见证,结果成为早期教会的第一位殉道者。——译注

[6]《使徒行传》7:55。

[7]《诗篇》110:1。

[8]《使徒行传》1:11;《路加福音》21:37。

[9]《约翰福音》16:13。

什么不同呢？福音书是上帝与人新的立约中的本质,规定反对先知的律法一直延续到施洗者约翰,如果从那时开始,人们不把圣父、圣子以及圣灵信仰为三,同时又在心中树起唯一一位上帝,圣经的福音书还有什么用呢？上帝很高兴更新他与人类的契约,方式是让他的三位一体按照新的方式,通过圣子和圣灵得到信任,目的是使上帝,以他自己固有的名称和三个位格,得到公开承认;但是古时候,人们对于名称和位格并没有通过圣子和圣灵的宣布完全明白地理解。那么,走开吧,与那些"否认圣父与圣子的敌基督"一起走开吧！他们说圣父与圣子是同体的时候,他们否认了圣父;当他们通过把不属于他们的事物分配给他们,而将属于他们的事物剥夺的方式,假设圣父与圣父同体的时候,他们否认了圣子。但是"凡认(耶稣)基督为圣父之子(不是圣父)的人,上帝在他之中,他在上帝之中。"[1]我们相信的不是上帝向我们证实他儿子的证词。"没有圣子的,就没有生命。"凡相信他绝不是圣子的人就没有圣子。

----

〔1〕《约翰一书》4:15。

给犹太人的回答

英译者:S. 谢尔沃尔(Thelwall)教士

第 1 章

写作的时机。犹太人和外邦人相关立场的阐明。

这是最近发生的一位基督徒和一位由异教改信犹太教的犹太人之间的辩论。他们轮流地长时间争辩,拖拖拉拉了一天直到晚上。此外,由于一些个人的虔诚支持者敌对性的喧嚣,真理开始被某种乌云笼罩了。下面的事实都使我们很高兴:由于争论的混乱噪音,可以不必逐点充分解释的内容却要应该更仔细地调查研究;为了阅读的目的,笔者应该决定处理的一些问题大略如下。

为获得神圣恩典的场合,甚至外邦人从下面的事实中都取得了突出的适合性:立志把上帝的律法当作自己的律法予以维护的人源于外邦人而不是源于"以色列族"的犹太人。[1] 因为这一事实——外邦人是受到上帝的律法接纳的——已经足够防止以色列在"外邦人算作水桶的一小滴"或者算作"从谷场出来的灰尘"[2]这样的概念上使他们自己洋洋得意:尽管我们有上帝本身作为能够胜任的衔接者和忠实的立约人,即上帝承诺亚伯拉罕"地上的万国都将因他的后裔而得福"[3];"两个民族的国家即将从利百加[4]的子宫[5]出发"——当然指犹太人也就是说以色列人的民族和国家,以及非犹太的,即我们的民族和国家。那么,二者中的每一方都被称为一个民族和国家;以免哪一方从口头的称呼上胆敢为自己要求恩典上的特权。因为上帝注定"两族和两国"即将从一个女人的子宫出生:恩典不是在口头称呼上,而是在诞生的顺序中构成了差别;大意是,从子宫诞生顺序上居前的不管是哪个,都应服侍"较小的",也就是说,

---

〔1〕 《腓立比书》3:5。

〔2〕 《以赛亚书》40:15;《诗篇》1:4;但以理书 2:35。

〔3〕 《创世记》22:18,18:18;《加拉太书》3:16。

〔4〕 Rebecca,圣经人物,比土利的女儿,以撒的妻子。一扫和雅各的母亲,见《创世记》22:23;24:15 以及《罗马书》9:10。——译注

〔5〕 《希伯来书》11:9;《创世记》21。——译注

居后的。就这样,上帝对利百加说:"两国在你腹中,两族要从你身上出来;这族必强于那族,将来较大的要服从较小的。"[1]根据这一点,鉴于犹太人的民族或国家由于在律法上原初利益的恩惠在时间上居前,属于上帝所说的"较大",而我们的民族或国家在世界上最后一个时期获得神圣恩惠的了解,在时间上该理解成"较小",因此,毫无疑问,经过圣言的敕令,居前的、"较大"的名族——也就是说,犹太人——必然要服侍"较小"的,即"较小"的民族——也就是,基督徒——战胜那"较大"的犹太人。此外,根据圣经的记录,犹太民族——也就是,更古老的民族——相当程度上抛弃了上帝,并且确实沦落到为偶像服务,放弃神性,投降于塑像;而"这个民族"对亚伦说,"为我们做神像,可以在我们前面引路。"[2]他们对我说:"你为我们做神像,可以在我们前面引路。从女人项链和男人戒指里提炼的金在火上最终完全炼好,金牛犊样的头就出来了",以色列统一赞成(放弃上帝),对这个虚构的物件给予荣耀,说,"这些是领我们走出埃及土地的神。"[3]

正是这样,在列王统治他们的后期,他们再次联合耶罗波安[4]崇拜金母牛以及小树林,并使他们自己沉溺于巴力[5]。从此可以证明在圣经的卷帙中,作者们把这些行为描写成偶像崇拜的罪孽;而我们"较小"的——也就是说,居后的——民族,放弃从前一直盲目服务的那些偶像,皈依从前以色列所背离的上帝,这一点我们在上面已经谈过。就这样,"较小的"——也就是说,居后的——民族战胜了"较大的民族",与此同时

---

〔1〕《创世记》25:21—23。

〔2〕《出埃及记》32:1,23;《使徒行传》7:39、40。——译注

〔3〕《出埃及记》32:4。请对比《使徒行传》7:38—41;《哥林多前书》10:7;《诗篇》106:19—22。造金牛犊是偶像崇拜的行为,违反基督教的真道。——译注

〔4〕Jeroboam,圣经人物,这里指的是耶罗波安一世,北国以色列的君王(约公元前931—公元前910年在位)。他安置金牛犊,引诱以色列人犯罪。——译注

〔5〕Baal,古代近东迦南民族敬拜的神,巴力是很多地方的神灵,以不同的形式出现。旧约圣经多次斥责崇拜巴力的行为。请比较《列王记上》7:25—33;《列王记下》17:7—17。——译注

获得了以色列已经脱离了的神圣眷顾的恩典。

第 2 章
摩西之前的律法。

　　所以，我们站定，短兵相接，我们在确定的清单中决定实际问题的数量和本质。那么，上帝作为宇宙的创立者，整个世界的管理者，人类的创始人，世界各国的播种者[1]，为什么让人相信已经把律法通过摩西给了一个民族，而不是据说已经分配到所有国家呢？除非上帝绝非已经把它给了所有国家，否则他已经习惯性地允许这些国家中甚至是从异教改信犹太教的人使用这一律法。但是，因为这合于作为人类的创始人上帝的仁慈和公正——在他嘱咐的那固定而又宣示出来的时间里，他给予所有国家完全相同的律法；并在他愿意，并通过自己愿意的时间，按照自己愿意的方式，让人们遵守这些律法。因为在世界开始时，他给亚当本人和夏娃一个律法，即他们不可以吃种在乐园中间那棵树上的果实；如果他们反其道而行之，则必死[2]。如果他们遵守这一律法，那么律法就已经会在他们身上延续。因为在上帝给亚当的这个律法之中我们在其萌芽阶段就已经接受了的所有规则，在后来通过摩西传送出去时抽芽成长起来：那就是，你们应当全心全意地，发自你们灵魂深处地热爱主——你们的上帝；你们应当爱邻居如同爱你们自己[3]；你们不可以杀生；你们不可以通奸；你们不可以偷盗；不可以做伪证；要尊重你的父母；另外，还有一条，不可

---

　　[1]　请对比《耶利米书》31:27；《何西阿书》2:23；《撒伽利亚书》10:9；《马太福音》13:31—43。

　　[2]　《创世记》2:16—17。

　　[3]　《申命记》6:4—5；《利未记》19:18；《马太福音》22:34—40；《马可福音》12:28—34；《路加福音》10:25—33；《出埃及记》20:12；《申命记》5:16；《罗马书》13:9。

做非分妄想。在乐园里给了亚当和夏娃的原始律法就像是上帝所有规则的子宫。简而言之,如果他们热爱主——他们的上帝,他们就不会违反他的规则;如果他们习惯性地爱他们的邻居——就是他们自己彼此之间——他们就不会相信那毒蛇的劝说,也就不会因违反上帝的规则,从长生不死中摔落下来,犯下彼此谋杀的罪行;如果他们没有偷尝树上的禁果,他们就会自我克制避开偷盗;并且也不用急切地躲藏在树下以避开主——他们上帝的目光;他们也就不会由于相信魔鬼会"像神一样"成为做出虚假断言的那一魔鬼的合伙人;这样,他们也就不会冒犯了上帝,上帝是他们的圣父,就像从母亲的子宫中将他们诞生一样,从地上的泥土将他们塑造出来;如果他们没有做非分之想,他们就不会去品尝不合乎律法的果实。

所以,在上帝这一总的、原始的律法之中,——在树上的果实这一案例里,已经批准对于这一律法的遵守,——我们承认在隔绝时期这一律法之中的所有规则,特别是时间居后的律法中的准则,在这些规则合适的时期公开了的时候,就发芽生长起来。某个律法随后的添加是早前提出某个规则的同一"灵体"的工作;原因是上帝的职责范围就是:此前下定决心塑造——随后则是训练——有正义感的人类。如果制定纪律的人要把它扩展,有什么值得惊讶的呢? 如果开始做事的人有些进展,有什么值得惊讶的呢? 简而言之,在写在石板上的摩西律法之前,我声称有人自然地习惯性理解的不成文的一部律法,由圣父习惯性地保持着。如果自然律法的正义没有在时间上更早出现,人们在哪里会"发现"诺亚[1]是个"义人"呢[2]? 如果在遵守自然律法中没有公平和正义的基础,在哪里能把亚伯拉罕[3]算上是"上帝的朋友"[4]呢? 如果在

---

〔1〕 Noah,圣经人物,就是他遵照上帝的旨意建造方舟,保存家人和各种动物,事见《创世记》5:28—9:28。——译注

〔2〕《创世记》6:9,亦请比较《希伯来书》11:7。

〔3〕 请参见本书 p.13 注 7。——译注

〔4〕《以赛亚书》41:8;《雅各书》2:23。

利未族法律的祭司职务之前没有利未人[1]习惯于献祭给上帝,麦基洗德[2]在哪里被命名为"至高上帝的祭司"[3]呢? 这样,在上述提到的祖先之后,在他们出埃及以后(那众所周知)的时间里,在400年的时间和空间间隔之后,律法传给了摩西。事实上,是在亚伯拉罕的"430年"后[4],律法才传给摩西的。据此我们知道,上帝的律法甚至是先于摩西的,不是在何烈山[5]第一个(传出),也不是西奈山[6]或者沙漠里,而是年代更久远的时候;首先在乐园(存在),然后为了祖先们做过改良,——接着在固定时期内,又为犹太人做过改良,这样我们就不会像对待原始律法一样留意摩西律法,但是后来,上帝也向外邦人宣布了,并且改良得更好了,这是上帝在通过众位先知反复承诺,他会这样做以后;加之已经预先告诫,它最终会通过;就像在一定时间"律法是经过摩西发出"[7]的一样,所以人们会相信这一律法短期内应当已经获得遵守和坚持。让我们为了人类的救赎,不要废除上帝所拥有的根据当时的情况改良律法规则的权能。总之,有人主张安息日仍然应该像救赎的香膏一样,像因为死亡的威胁在第八天实行的割礼那样继续遵守,那就让这个人教导我们,过去,因为正义之人坚持安息日,或者实施割礼,因而被人称为"上帝的朋友"吧! 如果割礼能够净化人,那么由于上帝在创造亚当的时候没有给他施行割礼,为什么甚至在他犯罪之后,如果割礼起净化作

---

〔1〕 Levites,雅各12个儿子之一利未的后裔。他们一般都是祭司或祭司的助手。事见《创世记》29:3以及《民数记》3:5—10。——译注

〔2〕 Melchizedek,圣经人物。是"至高上帝的祭司",是为亚伯拉罕祝福的撒冷王,大卫王是他的继承人。《创世记》14:17—22。——译注

〔3〕 《创世记》14:18;《诗篇》110:4;《希伯来书》5:10。

〔4〕 比较《创世记》15:13;《出埃及记》12:40—42;《使徒行传》7:6。

〔5〕 Horeb,圣经地名。今天西奈半岛南部的山脉。摩西在这山上蒙上帝呼召,上帝也是在这座山上跟以色列百姓立约的,见《出埃及记》3:1—4以及《列王纪上》8:9。——译注

〔6〕 Sinai,一般认为就是何烈山。耶和华和以色列人在这座山上立约,通过摩西颁布律法。请见《出埃及记》19:11—25。——译注

〔7〕 《约翰福音》1:17。

141

用,上帝仍然没有给他割礼呢?无论如何,上帝把他安置在乐园中,就指定了一个未受割礼的人当乐园的殖民开拓者。所以,既然神创造了未受割礼的亚当,亚当不遵守安息日,结果他的后代,亚伯[1]向上帝献祭,也没有受割礼,也不遵守安息日,却受到上帝的推荐;而且上帝接受亚伯一片至诚献祭的一切,拒绝亚伯的兄弟该隐[2],因为该隐没有正确平分他所供奉的献祭[3]。诺亚也是没有接受割礼——是的,也不遵守安息日——上帝却将他从大洪水中解救出来[4]。还有以诺[5]是最正义的人,也没有施行割礼,不遵守安息日,上帝把他从这个世界调走了[6]——他没有体味过什么是死亡,为的是,作为可以永生的候选人,他这次可能要让我们看到,即使没有承担摩西律法的责任,也可以让上帝喜悦。"至高上帝的祭司"麦基洗德,未受割礼也不守安息日,却被选中成为上帝的祭司[7]。还有亚伯拉罕的兄弟罗德[8]证明了即使不遵守律法,也由于有正直的优点而被上帝从鸡奸者的大火灾中解救出来[9]。

---

[1] Abel,圣经人物,亚当和夏娃的儿子。他的祭物得到上帝的悦纳,因而引起哥哥该隐的嫉恨,被该隐所杀(见《创世记》4:1—16)。新约称他为"义人"(见《马太福音》23:35)。——译注

[2] Cain,圣经人物,亚当和夏娃的儿子,亚伯的哥哥,因为嫉妒弟弟而把弟弟杀死(见《创世记》4:1—16)。新约称他为"恶者"(见《约翰一书》3:1—12)。

[3] 《创世记》4:1—7,比较《希伯来书》11:4。——译注

[4] 《创世记》6:18;《彼得后书》2:5。

[5] Enoch,这里指的是两位以诺中的另一位,是亚当的第七世孙子,雅列之子,玛土撒拉之父。他与上帝同行300年,在地上活了365岁,未死之前让上帝接走。事见《创世记》5:21—24。——译注

[6] 《创世记》5:22;《希伯来书》11:5。

[7] 《创世记》14:18。关于麦基洗德,请见前面注21。——译注

[8] Lot,圣经人物,亚伯拉罕的侄儿,并非如德尔图良所说的是亚伯拉罕的"兄弟"。对他的描述见《创世记》11:31;13—14;18—19。——译注

[9] 《创世记》19:1—29,亦请比较《彼得后书》2:6—9。

第3章

关于割礼和旧律法的废弃。

（你会说）但是亚伯拉罕是实施了割礼的。是的，然而他在施行割礼前就已经获得了上帝的好感[1]；而且他还没有遵守安息日。因为他"接受了"割礼，在那个时代将是一个"标志"，而不是获得拯救的特权性资格。事实上，后来的祖先像未受割礼的麦基洗德一样，没有接受割礼，麦基洗德在已经受割礼的亚伯拉罕战斗归来之时向他提供饼和酒[2]。"但是还有"，（你会说）"如果西坡拉[3]没有拿一块火石割下自己婴儿包皮的话，摩西的这个儿子就有可能被一位天使掐住脖子，窒息而死"；所以说，"如果没能割下包皮，就有最大的危险"[4]。不是这样的。如果总体来说，割礼能带来救赎，即使是摩西自己对他儿子，在第八天的时候也不会省略割礼这个程序的；同时，大家都同意如下看法：西坡拉是在旅途中，在使者的强制下对儿子施行割礼。因此，我们考虑到，一个婴儿的强制性割礼不能给每一个民族指定并仿佛建立遵守这一规定的律法。对于上帝来说，他预见到自己将不是把割礼作为救赎，而是当成一个"标记"传给以色列民族，——就是由于这个原因，他才催促给摩西这位以色列未来领袖的儿子进行割礼；因为上帝已经通过摩西的儿子开始了给予这个民族割礼的规定，所以，看到在他们领袖儿子身上已经突出表现出来的忽略的这个例子，这个民族就不可以轻视这一规定。因为割礼必须施行，但是作为"一个标记"，以色列据此在最后一次必须给予区分，区分的时间是：根据他们应得惩罚的事实，应当禁止他们进入圣城，因为我们从众先知的文字里看

---

[1] 《创世记》12，请比较《罗马书》4：9—11。

[2] 请比较《创世记》14：17—18；《出埃及记》4：24—26。

[3] Zipporah，圣经人物。摩西的妻子，是革舜和以利以谢的母亲。请见《出埃及记》2：22；18：2—4。——译注

[4] 《出埃及记》4：25。

到,"你们的土地已经荒凉,你们的城邑被火焚毁,你们的国家在你们眼前为外邦人所侵吞;被外邦人所弃所摧毁,锡安城被抛弃,好像葡萄园的草棚,黄瓜田的茅屋,像被暴风雨袭击过的城邑"[1]。为什么会这样呢?因为随后先知的讲道批评了他们,说,"我生出来并带大了儿女,他们竟然悖逆我"[2];然后接着说,"你们举手祷告,我必然把脸转开不看;就是你们成倍地增加祈祷,我也不听。因为你们的手都沾满了杀人的血"[3]。接着说,"咳,犯罪的国民,担着罪孽的百姓;行恶的儿女,你们离弃了上帝,蔑视以色列的圣者"[4]。所以,这些就是上帝的深谋远虑,将割礼作为一个标记送给以色列,当上面提到的应得惩罚的事实,应该禁止他们进入耶路撒冷的时间到了的时候,用这个标记可以把他们区别开来;由于有这一情况,总是要宣告出来;因为我们看到这一情况的完成,我们给予承认。因为肉身的割礼只是暂时的,是作为桀骜不驯的民族中一个"标志"而设计的,所以为了救赎已经把精神的因素给了一个听话的民族。而先知耶利米[5]说,"要开垦你们的荒地,不要撒种在荆棘中;要自行割礼,归耶和华,将心里的污垢除掉"[6];在另外一处,他说,"听啊,主说,日子将到,我要为犹大的家和雅各的家另立新约;而与我从前带领他们的父辈从埃及的土地上出来的那一天送给他们父辈的那份是不同的"[7]。据此我们明白,以前的割礼是我让人们施行的,现在即将停止,此外,新的律法(不是上帝以前已经给了祖辈的那份律法)即将出现,对这两点都要公布。就像《以赛亚书》所预示的,在末后的日子,主的山和上帝的居所将在诸山的山顶彰明较著,醒目显豁:"它将高挺超拔,"他说,"高过万岭,万国都要流归

---

〔1〕《以赛亚书》1:7—8,锡安(Sion,另一个拼法为 Zion)代表耶路撒冷城。——译注

〔2〕《以赛亚书》1:2。

〔3〕《以赛亚书》1:15。

〔4〕《以赛亚书》1:4。

〔5〕 Jeremiah,圣经人物,犹大末年最重要的先知之一,当了先知 40 年。——译注

〔6〕《耶利米书》4:3。

〔7〕《耶利米书》31—32,16:14 请比较《希伯来书》8:8—13。

这山;许多人将会来到这里,说,来吧,我们登上主的山,奔雅各上帝的殿。"[1]不是长子以扫的上帝,而是次子雅各的上帝;也就是说,我们的"民族",这一民族的"山"就是基督,"由非切割者的手所树立[2],这座山遍布每一块土地之上"。在但以理书中可见[3]。简而言之,以赛亚在随后的话中宣布,从"雅各上帝的殿"即将有新律法的出现过程,"因为训诲必出于锡安,主的言语必出于耶路撒冷,必在列国中施行审判"[4]——也就是说,我们中间有人从列国受到召唤——"他们要把刀打成犁头,把长矛打成镰刀,这个国不举刀攻击那个国,他们也不再学习战事。"[5]所以,除了我们还有谁是受了新律法的教育,并在实践中遵守的呢?——消除旧的律法,这一行动本身展示了旧律法即将到来的废除。因为旧律法的习惯做法就是利用刀的报复而报仇,"以眼还眼",为伤害施行以牙还牙的报复[6]。然而新律法的习惯是指向仁慈,将原来的"大刀"和"长矛"的原始凶残变成和平安宁,在律法中的敌人和对手身上重塑"战争"的原始性残酷实践,使之成为"开垦"和"耕种"土地的和平行动[7]。所以,正如我们已经在前面展示的那样:旧律法和肉体上的割礼即将停止施行,对这两者已经做出声明,我们对于新律法以及精神上的割礼——即净化的遵守和执行已经闪着光芒形成对和平的自愿遵从。因为"一个民族",他说,"虽然我不了解,但是已经侍奉了我;通过恭敬顺从的倾听服从了我"[8]。先知就这样做出了宣告。但是那些不知道上帝的"民族"呢,我们的民族过去不知道上帝,在口耳相传中留意了上

---

〔1〕 《以赛亚书》2:2、3。

〔2〕 暗指《腓立比书》3:1—2之意。——译注

〔3〕 《但以理书》2:34—35;44—45。

〔4〕 《以赛亚书》2:3—4。

〔5〕 《以赛亚书》2:3—4。

〔6〕 请比较《出埃及记》21:28—34;《利未记》24:17—22;《申命记》19:11—21;《马太福音》5:38。

〔7〕 《哥林多前书》3:6—9。

〔8〕 《诗篇》18:43—44。

帝;我们放弃偶像,皈依了上帝。对于以色列——那些一直为上帝所知,那些由上帝在埃及"养大"的[1],经由红海运送出来,在沙漠中经历了 40 年[2]名叫"吗哪"[3]的圣餐喂养,被锤炼成永生的模样,没有受到人类世俗的污染,也没有吃这个世界的硬质食物[4],倒是靠"天使的粮"[5]——吗哪——喂养,由上帝的恩惠充分地与上帝连在一起——却忘记了主和上帝。他们对亚伦说:"为我们做神像,可以在我们前面引路:因为领我们出埃及地的那个摩西,已经抛弃了我们,我们不知道他遭了什么事。"[6]而与此对照,我们,在以前"不是上帝的子民",已经由于接受了上面所提到的新律法,以及以前预言的新割礼,成为了上帝的子民[7]。

第 4 章
对安息日的遵守。

有鉴于此,结论是:肉体割礼和旧律法的废除在其特殊时间以圆满结束而展示出来,对于安息日的遵守也展现出其暂时的性质。因为犹太人说,从一开始上帝就从他所做的所有的善事中走出来,在第七日休息,这就把第七日尊崇起来,神圣化了;同样,从那时候起,摩西对人们说:"记住安息日,守安息日为圣日;什么劳碌的工作都不可做,除非属

---

〔1〕 请对比《以赛亚书》1:2。

〔2〕 《使徒行传》13:17—18。

〔3〕 manna,犹如白霜的小而圆的食物,是以色列人在旷野漂泊时期上帝从天上降给他们的食物。见《出埃及记》16:14。——译注

〔4〕 《申命记》8:2—4;《尼希米记》9:21。

〔5〕 请对比《诗篇》78:20、24—25;《约翰福音》6:31—32。

〔6〕 《出埃及记》32:23。

〔7〕 《彼得前书》2.10;《何西阿书》1:10。

于生命的事情。"[1]我们(基督徒)由此知道,我们更应该遵守安息日,永远走出"劳碌的工作"[2],而且不单是每个第七天,而是无论何时都要如此。通过这件事,一个问题在我们面前出现了,这就是,上帝希望我们坚持什么样的安息日?因为圣经经文指出一个永久的安息日和一个暂时的安息日。因为先知以赛亚说,"你们的安息日,是我的灵魂所憎恨的"[3];在另外一处,他说,"你干犯了我的安息日"[4]。由此,我们识别出暂时的安息日是人类的,而永久的安息日算作神圣的;涉及上帝通过以赛亚而预言的内容:"月后还有月,日后还有日,安息日后还有安息日,凡有血气的必来耶路撒冷下拜,这是主所说的。"[5]而对这些内容我们的理解是:在基督时代已经完成了,当"凡有血气的"——指的是每个国家——"来耶路撒冷下拜",即通过圣父的儿子耶稣基督给上帝即圣父下拜,这恰如先知预言的那样:"改宗的新信徒必然通过我到你那里去。"[6]由此可见,在这个暂时的安息日之外,还有着一个永久的安息日已经预示并预言过了;正像是肉体的割礼之前还有精神的割礼已经预示了一样。简而言之,就像我们已经假定的那样,让他们教诲我们,亚当遵守安息日;或者那位亚伯向上帝供奉一个神圣的献祭,通过对安息日虔诚的尊崇而取悦于上帝;或者是那位以诺,在被接走的时候,一直是安息日的照办者;或者是那位造了方舟的诺亚,由于洪水而奉行了无限长期的安息日;或者是亚伯拉罕,在遵守安息日的时候,献上他的儿子以撒;还有麦基洗德,在他做祭司的期间接受了安息日的律法。

　　然而犹太人肯定要说,自从通过摩西发出了这个训诫后,遵守训诫一

---

〔1〕《申命记》5:12。

〔2〕《出埃及记》20:8—11。

〔3〕《以赛亚书》1:13。

〔4〕《以西结书》22:8。

〔5〕《以赛亚书》66:23。

〔6〕《以赛亚书》49。

直是有约束力的。由此看来很明显的事实是:这个训诫不是永久的,也不是精神上的,而是暂时的,有一天是会终止的。简而言之,真实的情况是:对这庄严仪式的庆祝并不是在安息日,即在第七天免除工作上面必须坚持;嫩[1]的儿子约书亚[2],在通过战争攻克耶利哥城的过程中,声称他接到上帝的规诫,命令人民:祭司应该抬着上帝的新约柜子环绕着城池巡游七天;这样,当第七天的环游结束后,城墙会自行坍塌[3]。事儿就这么做了,第七天结束的时候,就像预测的一样,城墙坍塌了。由此可以证明,在七天的数字里,有一个安息日隔在其间。无论这七天从哪天开始,都必须包括有一个安息日;在那天,不单是祭司肯定已经做了,所有的以色列人都肯定成了刀剑边上那命悬一线的牺牲品。当他们遵守神的规诫之际,他们驱赶着作为战争牺牲品的人群,人们"做奴隶般的工作"也是毫无疑问的。因为在马加比[4]时代,他们确确实实在所有安息日英勇战斗,击溃外来敌人,然后通过在安息日战斗,把他们祖先的律法恢复到原始生活方式。我不应该认为他们这样维护的律法是别的,而不是那个他们记住的实有的那关于"安息日"的法令[5]。

由此显而易见,这个规则的力量是暂时的,在现有环境中涉及的内容是有必要的;但是上帝以前给了他们这样的律法,并没有着眼于对它永久的遵守。

---

〔1〕 Nun,圣经人物,约书亚的父亲。见《出埃及记》33:11以及《历代志上》7:27。——译注

〔2〕 Joshua,圣经人物,嫩的儿子,原名何西阿(Hoshea),摩西称他为约书亚(请见《民数记》13:8)。摩西逝世后,他带领以色列人渡过约旦河,征服迦南地(请见《约书亚记》1:1—9)。——译注

〔3〕《约书亚记》6:1—20。

〔4〕 Maccabees,公元前2世纪带领犹太人从事独立运动的一个家族的名字。犹太人独立之后,他们成为犹太人的统治者和大祭司,对于犹太人有着很大的政治和宗教影响力。——译注

〔5〕《出埃及记》20:8;《申命记》5:12、15。

第5章
关于献祭。

此外,我们表明:世俗的供奉和精神的献祭是有人预言过的;而且,从一开始,世俗的供奉就曾经预示:是以该隐的名义,代表"长子"的供奉,也就是,以色列人的供奉;而相反的献祭表现为"次子"亚伯的献祭,也就是我们百姓的献祭。长子该隐,向上帝献出地上的果实;而次子亚伯,献出他母羊的产物。"上帝看中了亚伯和他的供物,只是看不中该隐和他的供物。上帝对该隐说,'你为什么变了脸色呢? 如果你事做得好怎么可能不受到和悦的接纳? 你如果分得不均,罪就伏在门前。不要出声。你的转变会出现并控制你。'于是该隐和他兄弟亚伯说话,我们去田间:该隐与亚伯去了田间,他杀害了亚伯。上帝对该隐说,'你的兄弟亚伯在哪里?'该隐说,'我不知道,我难道是看守我兄弟的吗?'耶和华说,'你兄弟的血有声音从地里向我哀告。土地开了口,从你手里接受你兄弟的血,现在你肯定从地里接受咒诅。你一定会在这土地上呻吟颤抖,凡遇见你的人一定要杀你。'"[1]从这事的进展中我们可以看出:"两个民族"双重的献祭甚至从一开始就预示出来了。简而言之,当开始在《利未记》里通过摩西制定司铎天赋神权说的律法之际,我们发现这律法是开给以色列人的,告诉他们向上帝献祭应该在所应许之地而不是别的地方;主,即上帝打算将这土地给予以色列的"民族"和他们的兄弟,为了在以色列介绍那里的时候,那里应该有不仅为罪恶也为灵魂公开展示的祭品和整只焚烧的燔祭品,地点则只能在圣地,不可在别处[2]。后来为什么圣灵通过先知预言:在每一个地方,每一块土地上,都会有祭品献给上帝呢? 上帝通过十二个先

---

〔1〕《创世记》4:2—14。
〔2〕《利未记》17:1—9;《申命记》12:1—26。

知之一的玛拉基[1]说："我不从你们手中接纳供物；从日出之地到日落之
处，我的名字在各邦必尊为大，'万能的主'说：在各处，人必奉我的名，献
出洁净的供品。"[2]另外，在"《诗篇》"中，大卫说："把万国都献给上
帝"——毫无疑问，因为使徒的布道必须"出去""到每块土地"上[3]——
"给上帝带来名声和荣誉，给上帝带来以他为名的祭品；拿来供物进入他
的院宇?"[4]因为那不是世俗的献祭，而是精神的供奉，那供物是给上帝
做的，我们就这样阅读已经写下的内容，"一颗奉献般的、谦逊的心是给上
帝的供奉"[5]；别处的还有，"献祭歌颂上帝，又要向至高者还你的
愿"[6]。所以，与此相应，指向的是精神的"歌颂献祭"；而"奉献般的心"
则显示为上帝可以接受的供奉。由于人们理解的非精神献祭已遭摈
弃——对此以赛亚说："主说，你们所献的许多祭物与我何益呢?"[7]所以
说，像先知们宣布的一样，人们预计：精神的供奉会得到接受。因为
主说过，"即使你给我带来最上等的面粉，也是虚幻的祈福礼物：是我
所讨厌的东西。"他再次说，"你们的整只祭牲和祭品，公绵羊的脂油，
公牛的血，就是你过来让我看，我也看不到；谁从你们手中要这些东
西了?"[8]因为"从日出之地，到日落之处，我的名字在各邦声名赫奕，主
说过"[9]。但是关于精神献祭，他补充说，"他们在各处都向我的名字献
出首席司祭的祭品，主说过"[10]。

---

〔1〕 Malachi,圣经人物。教会传统认为他是旧约先知书《玛拉基书》的作者。——译注
〔2〕 《玛拉基书》1:10—11。
〔3〕 请对比《马太福音》28:19—20；《马可福音》16:15—16；《路加福音》24:45—48；《诗篇》
19:4；如《罗马书》10:18所解释的"传到地极。"——译注
〔4〕 《诗篇》96:7、8。
〔5〕 《诗篇》51:17。
〔6〕 《诗篇》50:14。
〔7〕 《以赛亚书》1:11。
〔8〕 《以赛亚书》1:11—14。
〔9〕 《玛拉基书》1;《诗篇》113:3。
〔10〕 《玛拉基书》1。

第 6 章
关于旧律法的废除和废除者。

因此,既然显而易见的是:暂时的安息日已经展示过,永久的安息日已经预告过;肉体的割礼以前谈过;精神的割礼提前呈示过;暂时的律法和永久的律法正式地公布过;世俗的和精神的献祭都提前展现过;得出的结论是:所有这些训诫在往昔的时间内已经向以色列人做了世俗的展示,将会有一个时段伴随产生,在这个时段里,古老律法和古老仪式的各个规则会最终完结,而当来自高天的光芒会照耀那些枯坐在黑暗中以及拘囿在死亡阴影中的我们之际[1],新律法的颁布应许、对精神献祭的认可、圣经新约的承诺都会伴随产生[2]。所以有一种必要性依靠着我们并约束着我们[3],因为我们已经预先提出,先知们预示了新的律法,——这个律法不是当年上帝把前辈带离埃及时颁给他们的那个律法,——将要一方面显示并证明,旧的律法已经终止,另一方面,许诺的新律法现在也已经实施。

的确,首先我们需要调查是否期待有一个新律法的给予者、新约的继承人、新献祭的祭司、新割礼的净化者、永久安息日的遵守者去禁止旧的律法,制定新的圣约,提供新的献祭,遏止古老的仪式,禁止[4]旧的割礼及其自己的安息日,公布新的、不腐败的清廉王国。我说,不管这个新律法的给予者、精神安息日的遵从者、永久供奉的祭司、万年王国的永恒统治者来了还是没来,我们都必须调查。如果他已经到来,对他的侍奉必须施行;如果他还没有到来,我们需要等待,直到由于他的莅临,下面的事实彰明较著:旧律法的训诫已经终结,新律法的肇始应该出现。并且,首先,

---

[1] 请对比《路加福音》1:78;《以赛亚书》9:1以及《马太福音》4:14—16。
[2] Christian Classics Ethereal Library版的编者认为与前面的"伴随产生"是一种"赘辞"(tautology)。——译注
[3] 《哥林多前书》9:16。
[4] Christian Classics Ethereal Library版本的编者又指出德尔图良刚刚使用"禁止"后再次使用的赘辞和重复。——译注

我们必须记录下来：古老的律法和代言人不会终止，除非上帝莅临，而且由相同的律法和相同的代言人不断地宣告，上帝必将到来。

第7章
基督是否已经到来并为人们接纳的问题。

所以，我们已经短兵相接，面对这个问题，——不断宣布即将到来的基督到底是已经来了，还是其来临仍然只是个希望而已。为了对这个问题本身做出证明，在众先知宣告基督要到来的时候，我们必须检查其宣告的总次数，如果我们承认他在那些总次数的范围之内已经来了，那么我们可以毫无疑问地相信他恰恰就是人们的期盼者，他未来的莅临一直是先知歌曲的主题；而我们，即所有各邦，都得到宣告，他注定是大家都要信仰的那位；在我们都同意他已经到来之际，我们应该毫无疑问地相信他已经把新的律法给了我们，而不会拒绝在他心中蕴藏又通过他给我们制定的新约。因为我们知道基督要到来的事实连犹太人也没有试图反对，因为他的到来是他们希望的指向所在。关于这件事，我们也不需要更详细地调查了，因为在过去的日子里，所有的先知都预告过，如以赛亚说："我主上帝对我主基督说，我搀扶他的右手，列国都能听到他；我也要放松列王的腰带，使城门在他面前敞开，不得关闭。"[1]我们看到这件事本身已经实现。圣父所搀扶的不是基督——他儿子的手，还能是谁的手呢？列国都听到的，也就是列国都相信的；此外，大卫在《诗篇》中提到过基督的传道士，还提到过使徒，他说："他们的声音传遍天下，他们的言语传到地极。"[2]除了已经到来的基督，全天下列国相信的还有谁呢？已经相信他

---

〔1〕《以赛亚书》45:1。

〔2〕《诗篇》19:4、《罗马书》10:18。

的列国——帕提亚人〔1〕、玛代人〔2〕、以拦人〔3〕和住在米所波大米〔4〕、亚
美尼亚〔5〕、弗吕家、加帕多家〔6〕、本都〔7〕、亚细亚、旁非利亚省〔8〕及逗留
在埃及的人,住在古利奈〔9〕以外的非洲人、罗马人和旅居者,对,还有耶
路撒冷的犹太人〔10〕,还有所有别的列国;因为,到现在为止,例如,盖图莉
安人〔11〕以及摩尔人〔12〕边界大量接壤地区的不同种族、西班牙境内、高卢
人的各个国家、罗马人到不了,而大不列颠人常去的地方……却都被基督
征服了;还有萨尔马提亚人〔13〕、达西亚人〔14〕、德国人、西古提〔15〕人,还有
许多遥远的国度,还有许多我们不知道的省份和岛屿,我们几乎无法一一

---

〔1〕 Parthians 圣经民族,是泛指底格里斯河至印度地区内的居民。帕提亚王朝是公元前
3世纪建立的王朝,在中国的史籍中它被称为"安息"。——译注

〔2〕 Medes,也称"米底亚人",是古代玛代帝国所在之地和民族的别称,参看《但以理书》5:
28以及《使徒行传》2:9。——译注

〔3〕 Elamites,圣经地名。以拦(Elam)是诺亚之孙,闪的长子。他们后裔的领土即称以
拦,地处现今底格里斯河及伊朗高原之间的狭长高地。——译注

〔4〕 Mesopotamia,圣经地名,现称"美索不达米亚",即今叙利亚东部和伊拉克境内的地
区。——译注

〔5〕 Armenia,西亚古国名字,现在分属亚美尼亚、土耳其和伊朗。——译注

〔6〕 Cappadocia,圣经地名,是新约时代罗马的一个省,位居现今土耳其的中心部分。——译注

〔7〕 Pontus,圣经地名,是新约时代罗马的一个省,位于现今土耳其的境内。彼得曾写信
给本都的信徒(彼得前书)1:1。——译注

〔8〕 Pamphylia,圣经地名,是新约时代罗马的一个省,位于现今土耳其南部临海地区。保
罗布道时常常经过这个地区,见《使徒行传》13:13。——译注

〔9〕 Cyrene,圣经地名,是今日的利比亚北部海边的一个港口,替耶稣背十字架的西门就
来自这个地方,见《马可福音》15:21。——译注

〔10〕 《使徒行传》2:5、9—10。

〔11〕 Gaetulians,圣经中没有提到的人种,维基百科英文版说这是古代突尼斯境内沙漠地
区居住的族群。——译注

〔12〕 Moors,指非洲北部阿拉伯人同柏柏尔人(berber)的混血后代。——译注

〔13〕 Sarmatians,是居住在萨尔玛西亚(Sarmatia)地区的人。这一地区位于现今东欧的维
斯瓦河和伏尔加河之间的一个地区。——译注

〔14〕 Dacians,住在达西亚(Dacia)的人。达西亚是罗马古代地名,位于现今罗马尼亚珂尔
巴阡山一带。——译注

〔15〕 Scythians,圣经地名,是近东的游牧民族,被犹太人视为野蛮民族。保罗在《歌罗西
书》3:11中提到过西古提人。——译注

列举的地方。基督之名已经到了并且收揽了的所有地方，所有城门在他面前都已经打开，没有城门对他是关闭的，铁栅栏在他面前已经粉碎，黄铜大门也已经开启[1]。虽然还有精神意义附加在这些表达方式上——在所有这些地方居住着以基督为名的子民，所有个体的心灵，以各种方式被魔鬼阻塞，但是由于对基督的信仰而冲出牢笼——他们明显感到满足。因为，除了基督——上帝之子，这个被宣布注定会永久统管一切的人，还有谁能统管所有各邦呢？如果是所罗门"统治"，为什么只在犹太地[2]范围之内？——他的王国"从别是巴[3]到但[4]"的边界是标明了的[5]。再有，如果是大利乌[6]"统治"巴比伦人和帕提亚人，他却没有统治所有各邦的权力；如果是法老，或者不管哪个人继承他那治理埃及人的世袭王国，他都只是在那个国度确实掌握着他王国的领土；如果是尼布甲尼撒[7]带着他那些小国王，其疆土只是"从印度直到埃塞俄比亚[8]"[9]而已；如果是马其顿的亚历山大，除了他征服泛亚细亚以及其他地区以后，再没有控制别的地区；如果是德国人，他们到现在为止还没有获准超越他们的领土极限；英国人受到他们自己海洋线路的制约；摩尔人的各邦以及盖图里亚人的未开化状态是由于受到罗马人的封锁，罗马人怕他们超越自己地区的范围之外。我应该怎么说他们罗马人呢？他们用自己的军团

---

〔1〕《以赛亚书》45:2—3。

〔2〕 Judea，圣经地名，位于现今巴勒斯坦南部。由于耶路撒冷在这个地区之内，所以它成了新约时代犹太人生活的中心。——译注

〔3〕 Beersba，圣经地名，在现今的以色列南部。——译注

〔4〕 圣经地名，在现今的以色列北部。"从别是巴到但"指以色列从南到北的全境。——译注

〔5〕《列王记上》4:25。

〔6〕 Darius，圣经人物，现在通译为"大流士"，是旧约中提到的3位玛代君王的名字。亦请见 p.156 的注 3。——译注

〔7〕 Nebuchadnezzar，圣经人物，巴比伦帝国的君主。是指尼布甲尼撒二世（公元前605—公元前562年在位）。——译注

〔8〕 见圣经《使徒行传》8:27，旧译为"埃提阿伯"，即是 Cush（古实）。——译注

〔9〕《以斯帖记》1:1。

驻军来加强他们的王朝,但还是不能把他们王国的力量扩展到摩尔等各邦之外。但是,基督的名字却延伸到各处,在各处受到信仰,在所有上面列举的国邦受到尊崇,统管各处,在各处受到爱戴,并在各处都公平地施与。没有哪个国王会得到基督更多的欢心,基督对他们一视同仁;没有哪个未开化的人感到得到的乐趣少于开化民族;没有谁的尊严和身世享有特别的奖赏或荣誉;基督对一切都是平等的,——对所有的国王,对所有的审判官,对所有"神和主"[1]。你在信仰你郑重声明的事情上不会犹豫,因为你看到了事情的发生过程。

第 8 章

关于基督的诞生和殉教的时间,以及耶路撒冷遭到破坏的时间。

有鉴于此,我们必须对预言的和后来的基督诞生、他的殉教、还有耶路撒冷城惨遭破坏也就是其"荒凉"化这三件事的时间做一次探究。但以理说,"圣城和圣地都会随着到来的引领人而破坏,殿顶会毁成废墟。"[2]所以,即将到来的引领人、基督[3],应该予以探究,我们可以追溯到但以理;在计算时间之后,我们应该证明基督即将到来,即使是以指定的时间为根据,以合格的基督先兆和运作为根据。我们再一次根据基督降临之后公布的结果,证明这件事,目的在于:我们可以相信一切都像预见的那样已经完成了。

所以,以这样的方式,但以理预言了关于基督的情况,为了宣示在什么时候,在什么时代基督将要解放所有国邦;在基督殉教之后,圣城该怎

---

〔1〕《约翰福音》20:28。

〔2〕《但以理书》9:26。

〔3〕《以赛亚书》55:4。

么样遭到破坏。因为他这样说："玛代人[1]的苗裔，亚哈随鲁[2]的儿子大利乌[3]，立为迦勒底国[4]的国王元年[5]，我但以理从书上得知年数……我正祷告的时候，先前在异象中所见的那位加百列[6]，奉命迅速飞来，约在献晚祭的时候，按手在我身上，他指教我说：但以理啊，现在我出来要使你有智慧又聪明。你最初恳求的时候，就发出命令，我来告诉你，因你很蒙眷爱，所以你要考虑明白这以下的事和异象。为你们本国之民和你们的圣城，已经定了 70 个 7[7]，要止住罪过，除净罪恶，赎尽罪孽，引进永久之义，封住异象和预言，并施膏与至圣者。你当知道、当彻底明白，从出令恢复且重建耶路撒冷，直到引领者基督到来，必有 7 个半 7（7 个加一半）和 62 个 7，圣城将改变，连街带濠，都必须重新建造。经历这 62 个 7 的时间之后，那受膏者必被剪除，一无所有；圣城和圣所将同那位即将到来的引领人一起毁灭；至终必如在大洪水中被冲没，直到战争结束，成为一片废墟。他将在许多人心中确认一份圣约。一个 7 加半 7 的时间之后，我的祭品和奠酒将会被拿走，在圣所对大劫掠的咒骂会消失，直到毁灭所定的结局。"[8]因此，我们观察其限度——事实上，他是怎么预言将有 19 个 7 的，在这个时间内如果他们接受上帝，"连街带濠，都必须重新建造"。但是上帝预先看到即将发生的事情——他们不单不接受他，而且还迫害

---

〔1〕 请见 p.153 注 2。——译注

〔2〕 Ahasuerus，圣经人物，迦勒底国的君王玛代大利乌的父亲——译注。

〔3〕 Darius，指大流士一世，公元前 358—公元前 330。即大流士大帝，公元前 521 年至前 485 年波斯帝国阿契美尼德王朝君主，公元前 518 年巡查埃及，公元前 513 年征服希腊色雷斯东部。请注意，从这里开始的历史人物中，他们各自在位的纪年与史书上的记载会有些出入。——译注

〔4〕 Chaldees，圣经地名，在旧约时代，是位于底格里斯河和幼发拉底斯河这两河流域的南部和波斯湾以西的地带。——译注

〔5〕《但以理书》9:1。

〔6〕 Gabriel，请见《驳帕克西亚》第 26 章的内容。——译注

〔7〕 原文为 hebdomads，是个希腊语源的词汇，意为 7，可指 7 天，一星期或成 7 的一组。英文版圣经就用"七"来翻译，见《但以理书》9:24—27。遵循原文的行文特点，参考英文版圣经和汉语和合本圣经的翻译，我们这里译成"7"，实际上，应该按照 7 年来理解。——译注

〔8〕《但以理书》9:21—27。

他,致他于死地——两件事情都扼要重述过,上帝说,在 9 和两个半 7 的时候他会诞生,会有圣洁之中的圣洁之君受膏;但是当完成第 7 个半 7 的时候,他会遭罪,在一个半 7 后——即是说 7 个半 7 的时间到了的时候——圣城必将遭到毁灭。因为他这样说:"圣城和圣所将同那位即将到来的引领人一起毁灭;至终必如在大洪水中被冲没。他必把殿顶变做废墟。"[1]那么我们在哪里表明基督在 62 个半的 7 时间之内到来呢?此外,我们还应该从大利乌元年开始计算,因为在这个特别时间,特殊的异象展示给了但以理,因为他说过:"请理解并推测:你的话语完成之际我给你们做出这些答案。"[2]据此,我们必须从但以理看到这个异象的大利乌元年开始计算。

那么就让我们看看,直到基督出现之前的时间是怎么填补了的吧。

大利乌统治了 19 年。阿尔塔薛西斯[3]统治了 41 年。

欧克士国王(也称为古列——Cyrus)[4]——统治了 24 年。

阿尔古斯[5]统治 1 年。

另外一个大利乌,名字也叫美拉斯[6],统治了 21 年。

马其顿的亚历山大[7]统治 12 年。

然后,在亚历山大已经征服了米底亚人和波斯人之后,同时统治了两

---

〔1〕 请参照《但以理书》9:26,但是 Christian Classics Ethereal Library 版也注意到"殿顶渐变成废墟",是《但以理书》有关叙述中所没有的。——译注

〔2〕 Christian Classics Ethereal Library 版认为这段引文似乎与《但以理书》9:25 有关,但是此处和别处都没有这样的描述。——译注

〔3〕 Artaxerxes(? —公元前 424),波斯阿契美尼德王朝国王(公元前 464—公元前 424 年在位)。他就是圣经中的"亚达薛西"(见《以斯拉记》7:12)。——译注

〔4〕 Ochus,即小居鲁士(Cyrus, the Younger),波斯王(公元前 424—公元前 401 年在位)。Cyrus,见上注,圣经中有 19 处提到此人。和合本把这个名字译成"古列"。请见其中一例——《历代志下》36:22。——译注

〔5〕 Argus。遍查辞书和网站,包括维基百科,查不到此人。——译注

〔6〕 Melas,大流士二世(Darius II,公元前 424—公元前 404)在位。——译注

〔7〕 Alexander the Macedonian,亚历山大大帝(古马其顿国王,公元前 356—公元前 323 年在位),曾师从古希腊学者亚里士多德,二十岁继承王位。是欧洲历史上伟大的军事天才,马其顿帝国最负盛名的征服者。在位期间领军驰骋欧亚非大陆,使古希腊文明广泛传播,是世界古代史上最著名的军事家和政治家。——译注

族人,并在亚力山太[1]建立了巩固的王国,他把那座城市按自己名字而命名[2];在他身后,(在那里,亚力山太)统治的还有:

托勒密·索特[3]一世统治了 35 年。其子菲拉德尔福斯[4]继承他,成为托勒密二世,统治了 38 年。继承菲拉德尔福斯的托勒密三世幼厄格特斯[5],统治了 25 年。

然后是斐拉佩特[6],统治了 17 年。在他之后是埃皮弗内兹[7],统治了 24 年。

然后是另一位幼厄格特斯——幼厄格特斯二世[8],统治了 29 年。

然后是另一位索特——索特二世[9],统治了 38 年。

托勒密[10]统治了 37 年。

克娄巴特拉女王[11]统治 20 年 5 个月。然后克娄巴特拉女王又与奥古斯都[12]联合统治了 13 年[13]。

---

〔1〕 Alexandria,现在的译名是"亚历山大"和"亚历山德拉"。——译注

〔2〕《诗篇》49:11 说"以自己的名称呼自己的地"即指此事。——译注

〔3〕 Ptolemy Ⅰ Soter,托勒密一世,索特,公元前 323—公元前 285 年在位。也有的书中把他译作"骚特"。——译注

〔4〕 Philadelphus,托勒密二世,公元前 285—公元前 246 年在位。——译注

〔5〕 Ptolemy Ⅲ,Euergetes 托勒密三世,幼厄格特斯一世,公元前 246—公元前 222 年在位。——译注

〔6〕 Philopator,托勒密四世,公元前 222—公元前 205 年在位。——译注

〔7〕 Epiphanes,托勒密五世,(公元前 205—公元前 181 在位)。——译注

〔8〕 Ptolemy Ⅷ,Euergetes,Physcon,托勒密八世,幼厄格特斯/菲斯康(公元前 145—公元前 116 在位)——译注

〔9〕 Ptolemy Ⅸ Soter,托勒密九世,索特二世,公元前 117—公元前 107,公元前 89—公元前 81 在位。——译注

〔10〕 Tolemy,遍查辞书和网站,甚至是维基百科,均没有发现统治了 27 年的托勒密。——译注

〔11〕 Cleopatra,即所谓"埃及艳后",(公元前 51—公元前 30 年在位),以貌美而著名,先为恺撒情妇,后与安东尼结婚,安东尼溃败后又勾引屋大维未遂,乃自杀。——译注

〔12〕 Augustus,原名屋大维,罗马帝国第一代皇帝(公元前 30—公元 14 年在位),是恺撒的继承人,在位时,扩充版图,改革政治,奖励文化艺术,成绩卓著。元老院给他"奥古斯都"的称号。——译注

〔13〕 历史上没有克娄巴特拉和奥古斯都联合统治的事实。公元前第 36 年奥古斯都打败安东尼,才开始有了统治的可能性,那时克娄巴特拉已经统治了埃及 15 年,距离她自杀只有 6 年的时间,而事实上她的自杀发生在奥古斯都建立其帝国仅仅一年之后。——译注

在克娄帕特拉之后,奥古斯都统治了另外 43 年[1]。奥古斯都整个帝国的年限是 56 年。[2] 让我们再看看,在奥古斯都帝国的第 41 年,当他在克娄巴特拉死后已经统治了 28 年之际,基督诞生了[3]。(奥古斯都在基督诞生后,仍然活了 15 年;到基督的诞生日剩下的时间会带我们来到第 41 年,是在克娄巴特拉死后的奥古斯都第 28 年。)(这样)内中补足了 337 年 5 个月(也就是完成 62 个半的 7):也就是在基督诞生那天,完成了 437 年 6 个月[4]。然后"永生的正义"表现出来,"至高者中的至高者受膏了",也就是说——"封住异象和预言"而"罪恶"得到豁免,通过对基督之名的信仰,罪恶从那些信仰他的人身上冲走[5]。但是,他说的"封住异象和预言"是什么意思?基督即将到来并必须受罪的所有先知的消息都已经宣示。所以,既然由于基督说过"给异象和先知的话盖印",由于基督的验证作用类似所有先知的印章[6],使从前他们对于基督宣告的每件事都得到印证,因而先知的预言通过基督的出现都已经应验了。在基督出现和殉教之后,不再有"异象或者先知"宣告他即将到来。简言之,如果

---

〔1〕 史实告诉我们,奥古斯都在克娄帕特拉死后统治了 44 年。——译注

〔2〕 英语维基百科认为奥古斯都的统治至公元 14 年为止,即总共是 43 年。那就是说,是从公元前 29 年他获得"大元帅"的时期算起。说他的帝国总共统治了 56 年是没有根据的,如果把他儿子提庇留·恺撒的统治也计算在内,那么统治年限是 62 年 7 个月还多,也不是 56 年。——译注

〔3〕 学术界一般认为耶稣是公元前 4 年诞生,这样一来,耶稣的诞生应该发生在奥古斯都帝国第 25 年(从公元前 29 年算起)而不是第 41 年;是克娄巴特拉死后的第 26 年,不是第 28 年。而德尔图良在下面又说,"奥古斯都在耶稣诞生后又活了 15 年",就意味着耶稣应该诞生在公元前 1 年。事实上从公元前 4 年耶稣诞生,到奥古斯都公元 14 年去世,奥古斯都又活了 17 年。因为计算起来不存在公元 0 年,需从公元 1 年起计算公元后的纪年。——译注

〔4〕 我们查证了 3 个版本,这种换算是一致的。由此肯定不是那个版本有印刷错误,而是德尔图良计算和行文上的疏忽。所谓 62 个半的 7 与 437 年 6 个月是吻合的,但是与"内中补足了 337 年 5 个月"是什么关系,却没有说明。——译注

〔5〕 《罗马书》5:21。

〔6〕 英语原文是 vision and prophesy are sealed,在和合本中的译文是"封住异象和预言"。其实我们认为,如果译作"异象和预言都已经盖印"才更符合上下文;这样翻译后,才与这一句"基督的验证作用类似所有先知的印章"语意相连。第 11 章第 2 段还有所谓"印章"的论述可资证明。——译注

这不是真的,那么就让犹太人随后向基督展示:随便哪位先知的书卷,随便哪位使者所创造的可见奇迹,(例如)过去总教主直到基督出现之际所看到的到底是谁已经到来了;自从这件事以后异象和预言的事实得到了确认,即是说,已经得到了证实。福音传道者公正地写道,"因为律法和众先知所说的预言,到(施洗)约翰为终止"[1]。因为在基督受洗的时候,也就是说,当他在自己受洗仪式上为水开光使之圣洁之际,所有过去丰富的精神上的恩典礼物都停在基督身上,恰如他所有异象和预言一样得到了确认,通过他的到来全部完成。这样,基督最坚定地断言:他的到来使异象以及先知的预言都得到了确认。

有鉴于此,(像我们已经明示的那样)年数和已经填满了的42个半的7的明示都已经完成,我们已经表明,基督已经来临,也就是说,基督已经诞生。让我们看看其他"7个半的7"是什么意思——原先的各个"7"被分割成小段[2];(让我们看看,也就是说)在什么情况下完成的:因为奥古斯都在基督诞生后仍然活了一共有15年。

接替奥古斯都的提庇留·恺撒[3],统治帝国20年7个月28天。(在他们帝国的第50年,耶稣受了难——即是说在耶稣30岁的时候,受了难。)

---

〔1〕 《马太福音》11:13;《路加福音》16:16。

〔2〕 关于历史上的公元纪年和但以理预言中"7"的换算和以前的各个"7"如何分割成小段的问题,有一位中国学者马有藻在其《但以理书释义》(网上找到此书,此书却未标明出版地、出版社和出版时间等信息)中指出,《但以理书》的第9章第25节说,"过了7个7和62个7以后(译者按:——即483年以后。计算过程是7乘以7等于49年,62乘以7等于434年,两个乘积相加即为483年),就到了受膏君的时候"。计算的起点是亚达薛西王(即我们前面述及的阿尔塔薛西斯——译者按)最后一次下命令的时间(见《以斯拉记》7:12—23),即公元前457年。从这个时间开始推算,过了483年后就到了公元26年。主耶稣诞生于公元前4年,公元26年时,耶稣30岁,开始传道。所以马有藻先生认为与但以理预言的时间正好相合。至于计算的时间为什么从亚达薛西王最后一次下命令的时间开始,书中没有说明。马先生书中引述的《以斯拉记》7:12—23也没有有关的记录。至于时间分段,马先生认为第一段是7个7,亚达薛西王7年开始,共计49年,为建城过程。第二段是62个7结束,即受膏君出现并被剪除,即痛苦受死。第三段是末了的7,即一个7之半(即3年半),他必使祭祀贡献止息。——译注

〔3〕 Tiberius Caesar,(BC42—AD37):第二位罗马帝王,是继承其父亲奥古斯都皇位的罗马皇帝(公元14—37年在位)。也有人译作"提比略"。——译注

盖乌斯·恺撒[1]，也叫卡利古拉，统治了 3 年 8 个月 8 天。

尼禄·恺撒[2]统治了 11 年 9 个月 8 天。

加尔巴[3]统治了 7 个月 6 天。

奥索[4]统治了 3 天。

维特里乌斯[5]统治了 8 个月 27 天。

维斯帕乡[6]于其统治的元年，在战争中制服了犹太人；这个帝国支撑了 52 年 6 个月。因为他统治了 11 年。所以，在他们横冲直撞的动荡时期，正像但以理预言的那样，犹太人完成了 70 个 7[7]。

因此，这些次数完成，犹太人被制服之后，在那个地方"奠酒和祭品"随后停止，而此前已经不能实施了，在基督殉教之后在那个地方"敷擦圣油礼"的活动也遭弃绝。而那个地方"敷擦圣油礼"的活动应遭弃绝也是有人预测过的，例如在《诗篇》中先知预言说过，"他们扎了我的手、我的脚"[8]。这种"扎"中所受的罪在 70 个 7 的时间之内，在 3 月份，在逾越节，在提庇留皇帝的治下，在卢柏烈·杰米努斯[9]和福菲乌斯·杰米努斯[10]的执政官官邸里，在 4 月份日历之前的第 8 天，除酵节那天，他们按照摩西嘱咐的那样，在傍晚杀了那只羔羊[11]。这样，以色列的整个犹太

---

[1] Calius Caesar，公元 37—41 年在位。——译注

[2] Nero，罗马帝国皇帝（公元 54—68 年在位），他统治的后期以暴政而闻名，弑母杀妻，公元 64 年还因为罗马大火嫁祸于基督徒。——多种资料表明他统治了 14 年，在下句话中，德尔图良说他"统治了 11 年 9 个月 8 天"应当是错误的。——译注

[3] Galba，加尔巴，也有人译作"伽尔巴"，公元 68—69 年在位。——译注

[4] Otho，奥索，也有人把这个名字译成"奥托"。公元 69 年在位。——译注

[5] Vitellius，维特里乌斯，公元 69 年在位。——译注

[6] Vespasian，罗马帝国皇帝（67—79 年在位），他于尼禄死后在内战中登位，在公元 70 年下令他的儿子提多（Titus）围攻并占领了耶路撒冷。——译注

[7] 参见 p. 160 注 2。——译注

[8] 《诗篇》22:16。

[9] Rubellius Geminus，公元 29 年的罗马执政官。——译注

[10] Fufius Geminus，公元 29 年的罗马执政官。——译注

[11] 请对比《出埃及记》12:6；《马可福音》14:12；《路加福音》22:7。

教确实处死了基督,当彼拉多急于处理掉基督之际,犹太人对彼拉多说:"基督的血归到在我们和我们的子孙身上"[1];还说"如果你释放他,你就不是恺撒的朋友。"[2]这话的目的是所有的事都按照有关基督的文字所写的那样告终[3]。

第9章
有关基督诞生和业绩的先知预言。

让我们开始证明:先知们已经宣示了有关基督的诞生,例如以赛亚预言过:"大卫家啊,你们要听着! 你们同别人的竞争不会是小竞争,因为上帝正在计划一场争斗。所以上帝本身将会给你们显示一个兆头。将会有童女怀孕生子,他的名字将要叫以马内利('以马内利'翻译出来意思就是'上帝与我们同在')[4]";"他将要吃奶油和蜂蜜"[5],"因为这小孩子还不晓得叫父叫母的时候,大马士革的财宝和撒玛利亚[6]的战利品,必在亚述[7]王面前搬了去。"[8]

有鉴于此,犹太人说,"让我们挑战以赛亚的预言,让我们做一个比较,看一看已经来临的耶稣是不是在下面两个方面与基督相合:一是以赛亚所预言的名字;二是以赛亚宣布的有关上帝的兆头。"

嗯,以赛亚预告说基督的名字必须叫以马内利,随后基督必须把大马

---

[1] 《马太福音》27:24—25;《约翰福音》19:12。
[2] 《约翰福音》19:12。
[3] 《路加福音》24:44。
[4] 《以赛亚书》7:13—14;《马太福音》1:23。
[5] 《以赛亚书》7:15。
[6] Samaria,见本书 p.105 注 4。——译注
[7] Assyria,圣经地名,位于现在的伊拉克境内。——译注
[8] 《以赛亚书》8:4。

士革的财宝和撒玛利亚的战利品在亚述王面前搬了去。"他们说:"你们的耶稣已经来了,既不能叫那个名字,也不会参与战事。"但是,我们正好相反,想到了他们应当接受告诫回忆一下这段文字的上下文。因为对此增补的有对"以马内利"的解释——"上帝与我们同在"〔1〕,解释的目的是:你们不仅仅是考虑名字的发音,而且还考虑名字的意义。"以马内利"在希伯来语中的发音有个解释本来就是"上帝与我们同在"。那么接着就探究一下,"上帝与我们同在"(即指"以马内利")这个说法自从基督之光开始普照(我想你们不会否认这一点)以来,是不是普遍地用到基督身上。他们来自犹太教,自从他们信仰基督以来就真地信仰基督,每当他们想要说"以马内利"之时,就确实要表明上帝跟我们同在;因此他们都同意,预言为"以马内利"的基督已经来临,因为"以马内利"所表示的含义是"上帝与我们同在"啊。当他们这样理解"大马士革的财宝"、"撒玛利亚的战利品"和"亚述王的王国"之际,同样这些话是由这个名字的声音引导的,仿佛这些话预兆着基督是个战士,这就与圣经的说明部分"因为在这小孩子不晓得叫父叫母的时候,大马士革的财宝和撒玛利亚的战利品,必在亚述王面前搬了去"不一致了。因为第一个步骤是看看基督显出来的年龄,来确定一下在那里显出的年龄是不是有可能展示出基督已经成为一个成年男人,更不要说是不是成为一个将军了〔2〕。确确实实,通过基督那幼儿似的叫声,幼儿基督唤起人们拿起武器,发出战争预警就不是用号角而是用尖厉的声音;指向敌人——就不是从战马的背上或者防御墙上,而是从奶妈和保姆的脖颈背后,就这样,不是征服大马士革和撒玛利亚,而是征服乳房(如果你们当中有幼儿匆忙上阵——我猜想——先是在身上涂油,为的是在阳光下晒干,接着背着书包,节约地吃着奶油——谁会知道他们是怎么样冲锋还是怎么样撕扯乳房——这就是另一回事了呀!)当然,如

---

〔1〕 《以赛亚书》8:10。

〔2〕 因为从文字上看,与征服"大马士革"和"亚述王",并与"战利品"和"必在亚述王面前搬了去"相应的应当是成年人,尤其应当是个将军。——译注

果没有哪一个地方天性会允许这种情况出现,即是说,先当兵然后再长大成人,先占领大马士革的财宝然后认识自己的父亲,那么结论就是:上面的说法很显然就是打个比方。但是,他们又说,天性不容许童女当妈妈,而先知的话却又必须相信。情况理所当然就是这个样子,原因是先知通过说"这会是一个兆头"的话语而为一件不可信的事预示了可信性。他说的是:"把一个兆头展示给你们?请注意,一位童女将在子宫里怀孕生子。"但是,来自上帝的兆头除非一直存在于预示未来的新颖特点之中,否则是不可能露面。简言之,当你急于从你对这个神圣预言的信仰中抛弃若干成分,并急于使头脑简单的人皈依的时候,你有勇气撒谎,就好像圣经包含这个说法——不是童女而是一个年轻女人将要怀孕生子,你就会因为这个事实遭到驳斥:日常发生的事——也就是一位年轻妇女的怀孕和分娩是不能成为什么兆头的。然而一位童女——母亲来到我们眼前,就理所当然地让人相信是一个兆头;而婴儿——武士却不能等同地让人觉得可信。在这个案例中不会再次有兆头的问题牵涉进去。奇特的分娩兆头既经给出,那么兆头之后的下一个步骤就是:将要吃"蜂蜜和奶油"的婴儿随后不同的安排就将宣布[1]。这件事当然也不是为了兆头而发生的,这对于幼儿而言是很自然的事。然而,他将要"在亚述王面前"接受"大马士革的财宝和撒玛利亚的战利品",就是令人惊奇的兆头了。如果不离开幼儿年龄的极限探究一下预言的意义,而且毋宁说把你打算归于预言的东西归还真实,那么先知的预言就会由于它的实现而变得清晰易解了。让从东方来见基督的三位占星贤人得到信任吧!他们把金子和乳香给了他们当作犹太人之王的幼儿基督[2];而幼儿接受了"大马士革的财宝",没有接受军事编制和武器。人所共知的事实是:"财宝"是指东方的"长处"——倾向于总是有金子、香料;除了这一事实,肯定的是:圣经把

---

〔1〕《士师记》13:12 的最初英文版谈及的是这孩子的"生活和事功"(life and work)。——译注

〔2〕《马太福音》2:1—12。

金子也看作是所有别国"财宝"的构成成分，圣经通过《撒迦利亚书》说，"犹大也一定会在耶路撒冷征战，四周列国的财富一定聚集起来，金子和银子……"[1]关于金子这一礼物，大卫也说过大体相同的话："阿拉伯[2]的金子将要给基督"[3]；"阿拉伯[4]和西巴[5]的国王将会给他带来礼物。"[6]一方面，东方通常都把占星贤人当成国王；而另一方面，大马士革在移到叙利亚分界线的叙利亚——腓尼基地界上之前，一直是算作阿拉伯地区，基督当时在接受叙利亚分界线的叙利亚标志性物品即金子和香料之时接受了叙利亚的"财宝"。此外，东方三贤人把基督视作指路和正在闪现的明星。在承认他，用礼物向他表示敬意，而且屈下双膝把他当成主和王尊崇的时候，基督接见他们便是接受了"撒玛利亚的战利品"。而它们即是说通过信仰基督成了偶像崇拜的"撒玛利亚战利品"。撒玛利亚在偶像崇拜方面是不光彩的；圣经用撒玛利亚预示了偶像崇拜；那时撒玛利亚在耶罗波安[7]统治之下是嫌恶上帝的。对于圣经经文在诸罪行比拟[8]的基础上修辞性地使用名字的转移已经不是什么新鲜事——圣经称呼你们的统治者为"索多玛的统治者"[9]；称你们的百姓为"蛾摩拉的百姓"[10]，虽说索多玛和蛾摩拉这两个城市早就湮灭了[11]。圣经在别处还通过先

---

〔1〕《撒伽利亚书》14:14。

〔2〕又名示巴（Sheba），原因是示巴位于阿拉伯半岛之南，所以两地彼此借代。本书的英文版用的是 Arabia，而新泽西的国际圣经协会版用的是 Sheba。——译注

〔3〕《诗篇》72:15。

〔4〕新泽西国际圣经协会版用的是 Sheba——西巴。——译注

〔5〕Seba，也拼作 Saba，位于埃及南部，是古实的儿子西巴立国的地方，事见《以赛亚书》43:3。——译注

〔6〕《诗篇》72:10。

〔7〕Jeroboam，见本书第 1 章内容。——译注

〔8〕Parallelism 不是现代常用意义上的"排比"，而是比拟，例如下面所举的例子：把"你们的统治者"比拟为"索多玛的统治者"等等。——译注

〔9〕索多玛和蛾摩拉是罪恶之城的代表，所以圣经才有这个"索多玛的统治者"和下一个"蛾摩拉的百姓"的说法。两种说法请见《以赛亚书》1:17。——译注

〔10〕《以赛亚书》1:10。

〔11〕《创世记》19:23—29。

知向以色列人说,"你父亲是亚摩利人[1],你母亲是赫人"。[2] 而他们的父母不是出生于这些族群,但是由于在不孝不恭上具有共同性的缘故而被称为他们的儿女;旧日的上帝曾经通过先知以赛亚称他们为他自己的儿女:"我生了儿女,把他们养大。"[3]同样,有时以赛亚因为埃及迷信和诅咒于是把埃及理解成意味着全世界[4]。还出于同样的原因,巴比伦在我们约翰的眼中,是罗马城的形象,原因是二者都同等伟大而又因其影响力而自豪,还因其超拔于诸位圣徒[5]。这样,圣经便以同样的道理也赋予东方贤人以"撒玛利亚人"的名号,指他们与撒玛利亚人共有的东西都被"剥夺",正如我们所说,是同耶和华所对立的偶像崇拜已遭剥夺。此外,圣经补充说,"在亚述王面前",在魔鬼面前,魔鬼直到当时还认为如果把圣徒都逐出对上帝的虔敬之外,他就仍在起统治作用[6]。

此外,我们的这一阐释将会得到支持,如果我们在别处也发现圣经经文把基督选定为武士,因为我们从一些武器的名字和那类器物的单词上可以搜集得到。但是把留下的概念做个对比后犹太人就将服罪。大卫说"愿你腰间佩刀。"[7]然而,涉及到基督,我们能从上面读出来什么呢?"你比世人更美,在你嘴里满有恩惠。"[8]但是如果他为了战争而给一个人佩剑,并为了这个人而继续虚拟地说"伸出来,然后成功,前进然后主宰!"他为了"你比世人更美,在你嘴里满有恩惠。"而恭维,就是非常荒唐

---

〔1〕 Amorites,圣经民族,迦南的后裔(见《创世记》10:15)。

〔2〕 Hittite,圣经民族,居住在现今的土耳其境内,亚伯拉罕曾经向他们购买田地,见《创世记》25:10—12以及《以西结书》16:3,45。——译注

〔3〕 《以赛亚书》1:2。

〔4〕 《以赛亚书》19:1;《以赛亚书》30。

〔5〕 《启示录》17。

〔6〕 从本段上文提到"在……比拟的基础上修辞性的使用名字的转移"后到本段结束,所讲的一切均是作为"名字的转移"的例子而谈论的。——译注

〔7〕 《诗篇》45:3。

〔8〕 《诗篇》45:2。

的了。因为你的慈悲和公义[1],他已经补充说了。挥剑的人谁能做到不施行慈悲和正义的对立面,也就是不施行战争营生里面题中应有的罪戾秽行——骗术、粗暴以及非公非义呢? 接着我们再看一下有另一个行动的灵体是不是有另一把利剑,即是说上帝的神圣之道因为古代律法和新律法的新、旧约全书而变得比两刃的剑更锋利[2],还因其自身智慧的公平性——按照其自身所行报答给双方的每一方[3]——而更显锋利。那么上帝的基督在《诗篇》中有自己的范围就是合乎律法的:没有与战争有关的业绩,却有上帝之道比喻性的宝剑,已经断言过的"比世人更美"连同"嘴里满有恩惠",与这一宝剑是和谐一致的;在大卫的眼中,当宣告基督依照上帝圣父的律令即将来到人世之际,基督是把这把宝剑"佩在腰间"的。大卫说,"你的右手必定会给你传来伟大业绩"[4],也就是精神恩典的美德,而对基督的承认恰恰演绎于这一精神恩典。大卫说,您的箭簇都是锋利的[5],上帝那些到处飞着的规诫,就是箭簇,预兆着每颗心的赤裸敞开[6],携着每一份良心的内疚和穿透;万民当然会跪倒在对您倾慕和崇拜的脚下[7]。这样,基督在战争中佩着武器,气宇轩昂;这样,基督将会接受的战利品不仅仅只是"撒玛利亚"的,而且也是所有邦国的,万民的! 要承认基督的战利品是比喻性的,他的武器,你们也知道了,是寓言性的。所以,至此,已经到来的基督不是一个武士,原因是以赛亚预言的基督不是武士。

但是,他们说人们相信即将到来的基督不叫耶稣,如果是这样,那么为什么已经到来的基督叫耶稣基督呢? 嗯,每个名字在上帝基督这里都

---

〔1〕《诗篇》45:4。

〔2〕请对比《希伯来书》4:12;《启示录》1:16;2:12;19:15、21;《以弗所书》6:17。

〔3〕请对比《诗篇》62:12;《罗马书》2:6。

〔4〕《诗篇》45:4—5 的现今译文是"你的右手必显明可畏的事"。——译注

〔5〕《诗篇》45:5。

〔6〕《希伯来书》4:13。

〔7〕《诗篇》45:5。

德尔图良著作三种

会相遇,在上帝基督中同样发现了耶稣的名字。请了解你们错误中的习
惯性特点吧。在任命摩西继承人的过程中,嫩[1]的儿子奥西亚[2]当然
是从他原始的名字转来的,随后又开始被人叫做耶稣[3]。你们会这样
说。我们首先断言这是未来的形象。耶稣基督将会把第二个民族(这个
民族由我们在以前的世界里在遭人遗弃的状态中徘徊的邦国所组成)介
绍到应许之地,那里流淌着牛奶和蜂蜜[4]。(即是说,进入对永世的拥
有,没有什么比这片土地更甜美的了。)[5]而这很快就会发生,不是通过
摩西(即是说不是通过律法的戒律),而是通过约书亚(即是通过新律法的
恩典),时间就是在我们用"火石刀片"[6]完成割礼(即是指用基督的戒律
完成,原因是在很多方面和身份上人们都把基督预言成一块磐石[7])之
后;因此准备好在这次圣礼上的行动者是以耶和华的名义为形象而正式
展开的,甚至目的就是为了以耶稣的名字为人所知。曾经对摩西讲话的
就是人们总都能见到的上帝之子本身[8]。而上帝圣父是人们永远目不
能见,也从未在世上生活过的[9]。人们据此而都认同,跟摩西讲话,跟
人们讲话的是上帝之子本身:"看啊,我差遣使者走到你们面前——也
就是人们的面前,在路上保护你们,领你们到我为你们准备好的地方
去。在他面前要谨慎,不要悖逆他;他不会赦免你们的过犯,他是奉我

---

〔1〕 Nun,圣经人物,约书亚的父亲(见《出埃及记》33:11)。——译注
〔2〕 Oshea,约书亚的另一个名字,请参看下一个注释。——译注
〔3〕 约书亚有多个不同的名字,Christian Classics Ethereal Library 版的编者说,还有
Jehoshua, Joshua, Jeshua 和 Jesus。这最后一个就是我们翻译成"耶稣"的依据。《民数记》13:
16 中还提到他的一个名字 Hoshea(何西阿),而约书亚(Jushua)的名就是摩西从 Hoshea 而改成
的。——译注
〔4〕 《约书亚记》5:6;《出埃及记》3:8。
〔5〕 《耶利米书》32:22。
〔6〕 《约书亚记》5:2—9;《出埃及记》4:25。
〔7〕 《哥林多前书》10:4。
〔8〕 《民数记》12:5—8。
〔9〕 《出埃及记》33:20;《约翰福音》1:18;14:10;《歌罗西书》1:15;《希伯来书》1:3。

名而来的。"〔1〕领人们到应许之地的是约书亚而不是摩西。耶稣称他为使者是由于使者将要完成的壮丽业绩的巨量（这些壮丽业绩是嫩的儿子约书亚完成的，你们都已经读过了的）；由于他宣布神圣意愿的先知职责，而又以圣父的位格通过圣灵对基督的先导、未来的"使者"约翰通过先知讲了如下的话："看啊，我差遣我的使者在你面前——也就是基督的面前，他将会在你们面前铺好路"〔2〕，上帝已经任命了一些使者做他权能的执行者。

圣灵呼唤这些使者并非什么新做法；圣灵就不仅仅称约翰为基督的"使者"，而且还称他为基督面前闪耀的灯；大卫预言过，我为我的基督准备明灯〔3〕，基督本身要来应验先知们的话〔4〕，就是这样对犹太人称呼约翰的。基督说，约翰是点着的明灯〔5〕，不仅仅能在旷野预备耶和华的路〔6〕，而且还以他的提前报信做法，通过指出"上帝的羔羊"〔7〕，照亮人们的思想，所以人们把基督理解成是那只羔羊，摩西宣布他注定将要去受难。嫩的儿子约书亚因为他名字中未来的奇妙，也是这样称呼他的；因为这个名字（同摩西讲话的基督）确认成是基督自己的名字，是基督本身授予了约书亚的，原因是基督从那时起把他隐藏起来，不是称他为天使，也不是欧西亚，而是约书亚。因此这样一来，每个名字都适合于上帝的基督——人们应该称他作耶稣，正如把他叫做基督一样。

（恰如我们前面已经提到的那样）必须生下基督的童女其家系必然追溯到大卫，先知在随后的段落中显然是肯定的。先知以赛亚说，耶西〔8〕的

---

〔1〕 《出埃及记》23:20—22。

〔2〕 《玛拉基书》3:1；《马太福音》11:10；《马可福音》1:2；《路加福音》7:27。

〔3〕 《诗篇》132:17。

〔4〕 《马太福音》5:17。

〔5〕 《约翰福音》5:35。

〔6〕 《以赛亚书》40:3；《约翰福音》1:23。

〔7〕 《约翰福音》1:29—30、36。

〔8〕 Jesse，圣经人物，大卫的父亲，属于犹大支派，住在伯利恒，见《路得记》4:22；《撒母耳记上》16:1—13。——译注

根上要生出枝条，一根枝条是马利亚，一朵花将会从他的根上长起来；耶和华的灵必然住在他身上；就是使他有智慧和聪明的灵，谋略和能力的灵，知识和敬畏耶和华的灵将会充满他的心灵[1]。灵的批准证书在全世界的集合除了适合于基督之外，对于所有人都不适合。基督的籍贯经由马利亚追溯[2]，可以算作源于耶西的根，由于有荣耀，由于有恩典，基督跟一朵"花"是平行的。基督来源于伯利恒本土的土壤，由于人们把马利亚说成在罗马人的统计数字中间，而基督是她生的，所以基督来自大卫的家系[3]。

我再次提问，倘若先知们预测基督注定来自耶西的部族，而又展现了谦恭、忍耐以及平和等全部的特点，那么他是否到来了？这种情况就与前种情况是同等的，具有这类性格的人会是已经到来的基督本身。先知这样说起基督："置于天灾里的人，知道怎么样经得起病弱，他像绵羊一样被人牵去宰杀，羊羔在剪毛人面前不做声，他也同样不开口"[4]。如果他既不争也不喊叫，他的声音也没有人听，"压伤的芦苇，他不折断"——以色列的信仰；"将要残灭的灯火他不吹灭"[5]，这就是外邦的人的短暂闪光，他反倒是通过他自己光的飞扬使它更加闪耀——他就是所预言的基督，绝非他者。因此，基督已经来临的这一行为的检验方法必须是同圣经的规定并排放置。我如果没有弄错，我们发现基督有两重行为而与众不同，一是他的布道；一是他的权能。现在我们就简要地谈论一下这两项杰出之处。有鉴于此，让我们列出我们已经安排的顺序：以赛亚宣布基督是个布道者："你要大声喊叫，不可止息；扬起声音就像使用号角！向我的百姓说明他们的过犯，向雅各家陈说他们的罪孽。"[6]作为一个行义的民族，"他们天天

---

〔1〕《以赛亚书》11:1—2。
〔2〕《路加福音》1:27。
〔3〕《路加福音》2:1—7。
〔4〕《以赛亚书》53:7;《诗篇》38:17;《使徒行传》8:32。
〔5〕《以赛亚书》42:3、《马太福音》12:19、20。
〔6〕《以赛亚书》58:1。

寻求我,乐意明白我的道,好像行义的国民,不摒弃上帝的裁判"[1]等等。关于基督的权能——他要把来自圣父的权能付诸各种行为:"请看,我们的上帝将要做有贡献作用的审判;他自己要来拯救我们;病弱的将会得到救治;失明者的眼睛将要重见光明;耳聋者的耳朵将重新听见声音;哑人的舌头会放松开来,能够讲话;跛腿者将能够像公鹿一样跳跃[2],等等,这些善行神迹就连你们也不否认是耶稣做的,你们总是这么说,"你们用石头击打他不是因为他做这些事,而是因为他在安息日做这些事!"[3]

第 10 章
有关基督的殉教以及有关此事的旧约预言和隐约预示。

有关基督殉教的最后步骤,你们干脆地提出了一个疑问,肯定了涉及十字架殉教所做出的预言与基督无关,此外还强烈主张:上帝竟然把自己的儿子送到那种死亡境地,这是不可相信的,原因是上帝自己说过"凡挂木柱上都是受到诅咒的"[4]。但是这一情况的理由提前解释了这一诅咒的意义,因为上帝在《申命记》中说:"此外,如果一个人卷入死亡审判的某种罪孽中即将死去,而你要把他吊死在木柱上,他的尸体不能保留在木柱上,你要在当天就把他埋葬;由于凡挂木柱上的人都要受到上帝的诅咒,你不可以玷污耶和华你的上帝赐给你为业之地。"[5]他没有诅咒性地把基督判到这一殉教上面,而是定下一个区别:不管是谁在什么罪孽中招来了死亡审判,吊死在木柱上,他都应该受到上帝的诅咒,因为他自己的罪

---

〔1〕《以赛亚书》58:2。

〔2〕《以赛亚书》35:4—6。

〔3〕《约翰福音》5:17。

〔4〕《申命记》21:23;《加拉太书》3:13。

〔5〕《申命记》21:22—23。

孽就是吊死在木柱上的理由。另一方面,基督口中没有欺诈[1],而是表现出仁义和谦恭,(正像我们在前面已经记录过对基督所做的预言那样)不仅没有因为他自己的行为而被置于那种死亡境地,而且这样面临死亡为的是先知们预言为注定通过你们的方法降临到基督身上的一切可以完全应验,这正像《诗篇》所说,"基督的圣灵本身已经唱了起来,说了起来,而'他们以恶报善'[2],我没有得到的要叫我全数偿还[3],他们扎了我的手、我的脚[4],他们把苦毒放到我喝的东西之中,我渴了,他们把醋给我喝[5],为了我的衣服他们确实抽签决定"[6];你们对他犯下的别的恶行先知都已经有了预言,基督实际上而且是彻底地都遭受过了这一切,而他遭受的这些苦难并非因为他有什么不良行为,而只是为了让圣经经文中那些通过先知们的口所做的预言能够应验而已[7]。

当然,一直都很恰当的是:殉教本身的奥秘应当比喻性地展示在预言当中,如果当时预言得赤裸裸不加掩饰,其奥秘越是不可相信,越有可能是个绊脚的石头[8];预言越是辉煌壮丽,就越会是约略显示;所造成的信息理解困难就只好从上帝的恩典中去寻求帮助了。

有鉴于此,我们首先谈谈以撒,在以撒被他父亲当成牺牲品领着,背着他自己的木头之际,就甚至在那么久的早期指向了基督之死;基督自己承认,他被他的父亲当成了个牺牲品,——他扛着他自己殉教的木头,他确实这样做了[9]。

---

[1] 《以赛亚书》53:9。
[2] 《诗篇》35:12。
[3] 《诗篇》69:4。
[4] 《诗篇》22:16。
[5] 《诗篇》69:21。
[6] 《诗篇》22:18;《马太福音》27:35。
[7] 《马太福音》26:56;《约翰福音》19:23—24、28、32—37。
[8] 《以赛亚书》28:16;《哥林多前书》1:23;《加拉太书》5:11。
[9] 《创世记》22:1—20;《约翰福音》19:17。

还有约瑟〔1〕,光是在这一点上他自己被人们描绘成基督的形象,(为不耽误我的叙述进程,就不提别的了)他在自己哥哥的手中受到迫害,因为有了上帝的宠爱才被卖到了埃及〔2〕,就如同基督被卖到了以色列,"按照肉身状态"被自己的"兄弟"犹大出卖。约瑟得到他父亲这种形式的祝福〔3〕:"他的威严像是公牛的威严,他的角,是野牛的角,用以抵触万邦直到大地之极。"〔4〕当然,没有什么独角的犀牛在那里对着人,也没有双角的牛头人身的怪物。在这里基督被人演示的形象是"公牛",理由是如下两个特点中的每一个:对于某些狂暴者他是审判官;对于别的平和柔顺者他是救世主,他的"双角"将是十字架的两个端点。因为即使是船的平底——隐喻十字架的一部分——也就是人们称呼十字架端点的名;而船的桅杆的中心柱是"野牛"。事实上,基督在另一方面,靠着十字架的这一力量,靠着用角来顶的方式,把世界众邦之民通过信仰"顶起来",把他们从地上随风送到天上;而且有朝一日,通过审判把他们"挑起来",从天上掷到地上。

此外,基督也是在圣经同一条文中别处的"公牛"〔5〕。雅各对西缅〔6〕和利未〔7〕宣布祝福之际,他预言了有关法律专家〔8〕和法利赛〔9〕人的事,

〔1〕 Joseph,圣经人物,雅各和拉结生的儿子(见《创世记》30:22—24),少年时代被兄长出卖,后来辗转成为埃及首相。——译注

〔2〕 《创世记》37;《罗马书》9:5。

〔3〕 这里是德尔图良之误,约瑟得到的祝福不是来自他的父亲雅各,而是来自摩西,请见《申命记》1—17。——译注

〔4〕 《申命记》33:17。

〔5〕 《创世记》49:5—7。

〔6〕 Simeon,圣经人物,雅各和利亚所生的第二个儿子(《创世记》29:33)。——译注

〔7〕 Levi,圣经人物,雅各和利亚所生的第三个儿子(《创世记》29:34)。也可参阅 p. 141 注 1 的 levites。——译注

〔8〕 scribes,犹太教专门从事研究和解释摩西律法的学者,在汉语圣经中翻译成"文士",他们都是在犹太社会上地位很高的人,《路加福音》22:66 就记载了这些文士连同当地长老和祭司审问耶稣的过程。——译注

〔9〕 Pharisees,新约时代一个犹太教的派别,属于犹太教的主流思想,他们中除少数外,均是耶稣批评的对象。使徒保罗在信基督之前,属于法利赛人的教派(事见《腓立比书》3:5)。——译注

因为从他们两人那里追溯出法律专家和法利赛人的籍贯。雅各的祝福从心灵方面解释如下:"西缅和利未把他们派别的不公正行为做到了极致。"[1]也就是说,通过这事他们迫害了基督,"我的灵啊,我不会与他们同谋,我的心啊,不会与他们联络,因为他们趁怒杀害人命"——就是说杀先知,"在他们的贪念中连牛腿大筋都要砍断"[2]——就是说砍基督,在杀了先知之后,他们用几个钉子刺穿了基督的肌腱。在他们杀戮罪行已经犯下之后,如果雅各斥责残暴行为的指向不是他们,而是别人,则是无根据无理由的。现在来谈谈摩西,在约书亚与亚玛力[3]激战的时候,我不明白,为什么摩西仅仅是把两只手摊开而祷告?在情势那么严峻的时候,他本应该做的事肯定是:让他的祷告伴以双膝跪地,用双手锤击胸脯,把脸平卧在地上;除非:主耶稣的名字是讲话的主题,注定有朝一日要进入独自反对魔鬼的名单中去;十字架形象也是必要的,有了十字架,基督才会赢得胜利[4]。还有,这同一位摩西为什么在万物的肖像都要禁止[5]之后——在他们偶像崇拜之后,他们正在遭受蛇的毁灭之时,还要造了一只铜蛇放在一株木柱上,摆出悬空的姿势[6],制造一个为以色列人疗伤的场面呢[7]?——除非在这种情况下摩西要展示耶和华的十字架,让魔鬼——蛇在十字架上当成被演示的对象,是为每一个被这样的蛇伤害了的人——摩西的众使者急切地从违反戒律的罪愆中转回到基督十字架的圣礼中来,而完成拯救事业做一次演示[8]吗?因为每个人只要抓住那个十字架就会从蛇的咬噬中解脱出来。

————————————

〔1〕《创世记》34:25—31。

〔2〕《创世记》49:5—7。

〔3〕 Amalek,圣经人物,以扫的曾孙,以利法的儿子(见《创世记》36:12)。亚玛力在摩西时代曾与以色列人搏战(见《出埃及记》17:8)。——译注.

〔4〕《出埃及记》17:8—16;《歌罗西书》2:14—15。

〔5〕《出埃及记》20:4—5。

〔6〕《民数记》21:4—9。

〔7〕《创世记》3:1;《哥林多后书》11:3;《启示录》12:9。

〔8〕《哥林多后书》11:14;《马太福音》25:41;《启示录》12:9。

如果你在《诗篇》中先知的话语中读过，"上帝从木柱上作王"[1]，那么现在就请你过来，我等候着听，你从那里理解到了什么，由于敬畏你可能认为，其隐含的意思是某种既当过木匠又是犹太人之王的灵体[2]，而不是基督，基督紧随着木柱上殉教就死了，在他战胜死亡之后就已经作了王。

此外，与这相似的是，以赛亚说，一个婴孩为我们而生，有一个儿子赐给了我们[3]。除非以赛亚是在谈论上帝之子，不然还有什么新奇可言呢？一个人为我们而生，上帝之子统辖的肇始之责便"担在他的肩头上"[4]。世界上哪个国王在肩上戴上了权能的徽章，却不在头上戴上王冠，或者手上携着权杖，或者在不同寻常的服装上加上某种标志呢？然而，新奇的万世之王——基督耶稣却独特地在他的肩膀上竖起了他自己独特的[5]荣耀，和权能，和崇高[6]——也就是，十字架！按照前面的先知预言的说法，耶和华自此便开始"在木柱上作王"。同样，上帝通过耶利米[7]暗指的就是这一木柱；你会说，来呀，让我们把木头放到他的粮里；让我们把它从活人之地剪除，使他的名字不再让人们记念[8]！当然，那"木头"放到了基督的身体上面[9]，因为基督已经揭示，称他自己的身体为粮[10]，先知在以往的日子里是在"粮"[11]这一词语之下宣布基督身体的。如果你仍然要

---

[1] 《诗篇》96:10—12。

[2] 《马太福音》13:55说耶稣"是木匠的儿子"；《马可福音》6:3说耶稣本身"是木匠"。——译注

[3] 《以赛亚书》9:6。

[4] 和合本的翻译是"政权必担在他的肩头上"。——译注

[5] 这里离开不远就分别使用了"独特"，这是德尔图良的赘词习惯。对此我们在前面已经多次谈过，见前面 p.151 注 2 和 4。——译注

[6] 两个"和"的使用是遵照原文的修辞特点。——译注

[7] Jeremiah，详见 p.144 注 5。——译注

[8] 《耶利米书》11:19。

[9] 这指的是基督背上了十字架，请见《约翰福音》19:17。——译注

[10] 请参看《约翰福音》6 的全章，特别是 6:35。——译注

[11] 原词为 bread，这个英文单词在圣经的汉语译文中只有两种译名："粮"和"饼"。——译注

寻找有关主十字架的预言,第21首《诗篇》[1]能够最终满足你,其中包含有基督殉教的整个过程:像他已经做过的那样,在那么早的日子里唱基督自己的荣耀[2]。他说,他们扎我的手、我的脚[3],这是十字架的奇特残暴;而且在他恳求圣父支持的时候,他说,"救我脱离狮子的口"——当然是指从死亡之中拯救出来;"使我脱离野牛的角"[4]——即是说,从十字架的边缘拯救出来;正如我们上面所示,这个十字架之受难过程大卫和犹太人的所有的王都没有遭受过。你们不可认为这里预言的殉教是某一位别的具体的人而不是基督,只有基督被人们这样不同寻常地钉死在十字架上。此刻,如果你心的硬度仍然坚持拒绝并嘲笑所有这些解释,我们将会证明如下的事实已经足够:基督之死已经有人预言,为的是人们从死亡的性质尚没有详细说明的事实中可以明白这件事是受了十字架的影响;十字架的殉教不可归于别人只能归于基督,而基督之死曾经不断地有先知等的预测。我期望用以赛亚的话语展示一下基督的死、殉教和埋葬。以赛亚说,是我百姓的罪恶把他引向死亡,我要为他的埋葬痛斥邪恶者,为他的死痛斥富人,因为他没做过邪恶的事,口中也没有欺诈;上帝打算从死亡中赎回他的灵魂[5],等等。此外,以赛亚还说,埋葬一事已经从中取消[6]。可是我们说,他没有被葬,除非他死了;埋葬他一事也没有从中取消,除非是通过他的复活。最终以赛亚又补充说,作为遗产,他有很多财富;而很多财富中基督将会平分战利品[7]。正如我们上面说过的那样,他被生下来,而换回来的事实是:他的灵魂又送到死亡之中,除了基督还有别的什么人会这样做呢? 加诸基督身上的尊崇是有原因的,对此我

---

〔1〕　应该是《诗篇》22,包含有基督殉难的整个过程。——译注
〔2〕　《诗篇》22 的后半部分。
〔3〕　《诗篇》22:16。
〔4〕　《诗篇》22:21。
〔5〕　《以赛亚书》53:8—10。
〔6〕　《以赛亚书》57:2。
〔7〕　《以赛亚书》53:12。

们上面已经说过,这一尊崇,也就是为补偿死亡给他的伤害,他必须得到回报,对此我们前面也已经谈过,基督因其死注定要得到这些报偿,是死后,当然是复活之后得到! 他殉教之时发生的事是:正午时分,天就黑暗下去了,先知阿摩斯[1]宣布说,那天耶和华说,太阳在正午就将落下,白天的光芒将要变暗,覆盖大地,我将要把你们那些欢宴的日子变成悲哀,你们所有的歌变为哀歌,让众人腰束麻布,头上光秃,使这场悲哀如丧爱子,至终如举哀的日子一样[2]。就连摩西都预言在你们各新年的头一个月一开始就要这样,当时摩西还预言以色列儿女的整个社区在黄昏时分宰杀一只羊作为祭品,即将带着苦痛把这一天(即是在无酵饼[3]的逾越节头一天)的庄严祭品吃掉;又补加了一句:这是耶和华的逾越节[4],是基督的殉教。这个预言就这样应验了:在除酵的头一天你们杀死了基督[5];而别的预言也应验了:这一天很快就到了黄昏,即是说正午时分就带来黑暗,这样你们那些欢宴的日子变成悲哀,你们所有的歌变为哀歌。基督殉教之后,监禁和漂泊离散就跟上了你们,对此圣灵以前就曾预言过了。

第 11 章
从《以西结书》那里得到的进一步证据,到目前为止先知论点的总结。

由于以上你们应得惩罚的事实,以西结[6]才宣布你们的毁灭将要到

---

〔1〕 Amos,圣经人物,公元前 8 世纪的先知,旧约中《阿摩斯书》的作者。——译注

〔2〕 《阿摩斯书》8:9—10。

〔3〕 希伯来文为 matzoh,是一种不发酵的硬面饼。犹太教的习俗是:在逾越节期间——从正月 14 日晚上到 21 日晚上共计 7 天,不可使用发酵食品,以纪念上帝带领以色列人出埃及这件史实(见《出埃及记》12:18)。——译注

〔4〕 《出埃及记》12:1—11。

〔5〕 《马太福音》26:17;《马可福音》14:12;《路加福音》22:7;《约翰福音》18:28。

〔6〕 Ezekial,见本书 p.88 注 5。——译注

了:不仅仅在这个时期是一种已经降临的毁灭——而且在报应之日[1]，将要随后发生! 从这次毁灭中得到解脱的只有那种带着遭到你们摈弃的基督那一殉教故事得到直接确认的人。有这样的纪录，"耶和华对我说，人子啊，你已经看到了以色列家的长老暗中在隐蔽的卧室里所做的事，因为他们说，耶和华看不见我们，耶和华已经离弃这大地[2]。基督对我说，你转一下身就会发现这些人所做出的事是比这更可憎的。基督还把我引到耶和华殿外院子朝北的门口，请注意，那里有女人们坐着为搭模斯[3]哭泣。耶和华对我说，人子啊，你看见了吗? 难道犹大家的在这里所做的事还不够吗? 你会看到他们更大的癖好。他又引我到耶和华的内院，请看啊，在耶和华殿门口门厅和祭坛中间有 25 个人背向耶和华的殿，面向东方，向着太阳下拜。基督对我说:"人子啊，犹大家所做的可憎之事是无足轻重的小事吗? 他们使这里充满了不敬，而且请看，他们自己做出怪相，所以我要用愤怒对待他们，我的眼睛不会顾惜他们，也不怜悯他们。他们虽向我耳中大声呼求，说，对这座城的报复就在身边，在他手中拿着毁灭性的武器。请注意，有 6 个人向朝北的高门的路上走来，手里拿着杀人的双刃斧子，其中一个人穿着直垂到脚面的衣服[4]，腰上束着蓝宝石的腰带;他们进来后紧挨着铜制的祭坛站好。以色列上帝的荣耀在殿的上方，在院子的中央，在基路伯有翅膀的天使[5]在那里升起。耶和华呼唤那位穿着直垂到脚面的衣服，腰上束着蓝宝石腰带的人，对他说，你要走遍耶路撒冷全城，看见谁因为城中一切可憎的事叹息悲哀，你就在他的额上画个记号 Tau。他对听者说，这些事情发生的时候，你们要跟着他走

---

〔1〕 《以赛亚书》61:2。

〔2〕 《以西结书》8:12。

〔3〕 Thammus,古代美索不达米亚的苏美尔和巴比伦神,专司植物的生长繁殖。传说每年的收割季节他就会死去,到第二年春天谷物再现生机,树木长出绿芽,他又复活过来。——译注

〔4〕 《以西结书》8:12—18;9:1—2;《启示录》1:13。

〔5〕 Cherubim,上帝的天使,是有翅膀的天上活物,在施恩座和圣殿中都有基路伯的形象(见《出埃及记》25:17—20;《列王纪上》6:23—35)。——译注

遍全城,以行击杀。你们的眼睛不要顾惜,也不要怜悯老年人、少年人、处女;小孩和妇女都要杀掉。可以把他们杀尽灭绝。但是额上有记号 Tau 的你们不可走近。你们要从我的圣所长老杀起〔1〕。这个记号 Tau 的奇妙在很多地方都有过预言;在这个记号里面生命的泉水为人类提前设置好;在这个记号里面犹太人将不相信,正如摩西以前在《出埃及记》里不断宣告时说过的那样:"你们将要从你们进入的地面被驱逐出去;在那些邦国中你必不得安逸;也不得立脚之地;上帝会送给你们疲惫的心、憔悴的灵魂、减弱的视力,以致看不见东西;你们的生命将要在你们的眼前悬在木柱上。"〔2〕"你们将不会相信你们的生命。"〔3〕

由于基督的到来,即是说,通过我们上面纪念过的耶稣的出生,通过我们有证据地解释过的基督殉难,预言都应验了;这就是但以理对此说过"封住意象和预言"的理由,原因是基督是所有先知批准的"印章",把以前宣告过有关基督的一切都给应验了。由于基督的到来和殉难以后不再有异象和预言;据此但以理最具强调性地说基督的到来给意象和先知盖了印。这样通过显示了年份的数字以及 62 个半的填满了的 7,我们证明了,在那个具体制定的时间基督到来了,即是说基督降生了;通过显示了"7 个半的 7"——这 7 个半的 7 又进一步分割从而从原来的 7 里脱离出来,在这段时间之内我们显示了基督已经遭难,由于 70 个 7 的随后结束以及城市的毁灭,我们证明了祭拜和圣油敷擦礼从此告终。

到目前为止,在这些要点上,已经做得足够多了的事实是:注定的基督之路的进程已经在此期间追溯过了,由此可以证明基督就是先知

---

〔1〕 《以西结书》8:12;9:5—6。

〔2〕 这里又是德尔图良之误,实际上这一记载不是在《出埃及记》里,而是在《申命记》28:65—66 里面。——译注

〔3〕 Christian Classics Ethereal Library 版的编者认为这实际上指的是《约翰福音》1:4—5;11:25 和 14:6 所说的"耶稣说,我就是生命",不相信耶稣基督就没有生命的意思以及《歌罗西书》3:4"因为你们已经死了"的意思。——译注

们已经宣布过的基督,甚至是在与圣经经文一致的基础上的基督。这就使我们说出来同犹太人相反的话,根据是主要部分的预先判断。让他们不要对我们介绍的文字提出疑问或者怀疑。曾经预告为在基督之后注定要发生的事情已经发生是正在得到承认的——这一事实使得他们没有可能否认这些文字同圣经经文是相同的。除非基督已经到来,基督之后总是要被宣布的事情必须应验,那些已经完成的事就必须得到证明才可以。

第 12 章

从对外邦人的感召那里得到的进一步证明。

请看看从那时起从人类错误的漩涡中不断出现到耶和华上帝——造物主及其基督面前的世界列国吧:如果你胆敢否认已经有人预言过这一点,那么圣父在《诗篇》中的应许就会立即在你面前发生——应许说,"你是我的儿子,我今天生你。你求我,我就将列国赐给你为基业,把地极赐给你为田产。"[1]你们不能断言那个儿子是大卫,而不是基督;也不能断言地极已经应许给了大卫——大卫的统治仅仅是在犹太地[2],而不是应许给基督——基督已经通过对他福音书的信仰把整个地球都俘获了;基督在《以赛亚书》中说,请看,我要使你作众民的中保,作外邦人的光,开失明者的眼"——当然是指出错误;"把被缚的从束缚中松开"——也就是使他们从罪孽中解脱出来;"领被囚的出牢狱"——即从死亡之屋中解脱出来;"领坐在黑暗中的人出监牢"——也就是在蒙昧的黑暗中解脱出

---

〔1〕《诗篇》2:7—8。

〔2〕 Judea,圣经地名,新约时代巴勒斯坦的 3 个地区之一,由于耶路撒冷位于这个地区,犹太地成了犹太人生活的中心。——译注

来。"[1]如果这些祝福通过基督产生,对这些祝福的预言就是有关基督的而不是别人的,通过基督我们认为这些祝福都已经应验了[2]。

第13章
从耶路撒冷城的毁灭和犹太地的荒芜中引出的论点。

因此,既然以色列人的一些儿女断言我们接受已经到来的基督是错误的,那么就让我们从圣经经文本身中提出一个与他们对立的抗辩吧,抗辩的效果是作为预言主题的基督已经到来,虽然到但以理预言之时我们已经证明了:作为预言主题的基督,他已经到来了。现在,但以理的预言使得基督必须生在犹大[3]的伯利恒。在但以理的先知预言中是这样写的:"你,伯利恒,犹大诸城中并不是最小的,因为将来有一位君王要从你那里出来,牧养我以色列民。"[4]但是如果到目前为止他还没有出生,已经宣告从犹大部落、从伯利恒而来的君王又是谁呢? 因为这个人必须从犹大部落,从伯利恒中走出来方可。然而,我们的感觉是:自从有禁令颁布,禁止所有犹太人在这个地区的范围之内逗留以来,目前以色列族群中没有谁留在伯利恒,为的是这一预言性的话也该完美应验。"你们的土地已荒凉,你们的城邑被火焚毁。"即是说,但以理在预告,在战争期间发生在他们头上的事是些什么? ——"你们的地界会在你们的眼前被外邦人侵吞,它将会荒废,被外邦人所倾覆。"[5]在另一个地方先知但以理说,你

---

〔1〕 《以赛亚书》42:6—7;61:1;《路加福音》4:18。

〔2〕 《路加福音》2:25—33。

〔3〕 Judah,这里指犹大部落,圣经时代的以色列12支派之一,其领地位于盐海和地中海岸非利士人地区之间(见《士师记》1:3—20),主要城市中包括耶路撒冷、希伯伦和伯利恒等。——译注

〔4〕 《马太福音》2:3—6;《弥迦书》5:2。

〔5〕 《以赛亚书》1:7。

们会看到带着荣耀的(国)王,也就是基督在上帝圣父的荣耀下做其权能之下的善事[1],"你们的眼睛必见辽阔之地"[2],这是自从耶路撒冷被攻下来,进入你们这片土地作为你们行为的回报,你们做的是正在遭到禁止的事;允许你做的只是"用你们的眼睛从远处观看"[3];但以理还说,你们的灵魂将"回想那令人惊骇的往事"[4]。即是说,在他们自己遭受毁灭的时刻才"回想"。所以,一位"引领人"将要按照先知们在神圣的书卷中确实明白宣布的那样,怎么样从犹太地降生,又"从伯利恒"多远的地方出发,因为根本没有什么人在以色列人居所的今天还留在那里,基督可从以色列人的世系中降生。

现在如果(按照犹太人的看法)基督到目前为止还没有到来,那么,在他开始来的时候,他会从哪里受膏[5]呢? 因为律法责令,在囚辱中合成制作圣膏油的油膏是非法的[6]。但是,如果像但以理预言的那样在那里[7]再没有涂膏仪式(他说,涂膏仪式将要取消)那么,结论就是,他们[8]就没有涂膏仪式了,因为他们没有有角[9]的圣堂了,而国王总是在圣堂里敷擦圣膏油的[10]。那么如果没有圣膏敷擦仪式,在耶路撒冷将要诞生的引领人将会在哪里受膏呢? 或者说,看到以色列的苗裔中根本没有人在伯利恒城中存在,基督怎么样从伯利恒走出来呢?

---

〔1〕《约翰福音》5:43;10:37—38。

〔2〕《以赛亚书》33:17。

〔3〕《以赛亚书》33:17。

〔4〕《以赛亚书》33:18。

〔5〕 基督的名字就意为受膏。——译注

〔6〕 应当指"巴比伦之囚";另请对比《出埃及记》30:22—33 制作圣膏油油膏的十分复杂的过程,就会想到,在漂泊囚辱中制作油膏的可能性也极小。——译注

〔7〕 指圣城耶路撒冷和犹太地。——译注

〔8〕 指犹太人。——译注

〔9〕 这里指的是盛膏油的角,见《列王纪上》1:39;《撒母耳记下》6:17 讲了大卫在耶和华面前献燔祭以及平安祭。《列王纪下》6:17。——译注

〔10〕《但以理书》8:20—22 还讲到"角"和王的关系,例如"双角公绵羊就是玛代和波斯王"等等多个例子。——译注

事实上，让我们通过前面讲过的先知们的预言第二次展示一下基督已经到来，还已经受了难，而且又接回到了天上。以后他依照先知的预言真地到了。原因是在他到来之后，按照但以理的预言，我们读到了：圣城本身必须毁灭，而我们承认圣城真地陷落了。圣经这样说，圣城和圣所都连同受膏者一起毁灭[1]。毫无疑问，这位受膏者从伯利恒走出，来自犹大的部落。由此明显的事实再一次是，圣城的毁灭与受膏者在圣城中受难是同一个时间，这一点通过先知们的圣经经文在前面已经讲过。先知们说，"我整天伸手招呼那走路样子难看，行事悖逆的百姓，他们随自己的意念行不善之道，还当面惹我发怒。"[2]在《诗篇》中，大卫说，他们扎了我的手、我的脚，我全身的骨头都数过[3]。此外他们自己琢磨看着我，我渴了的时候，他们拿醋给我喝。[4] 而这些遭难的事大卫没有经历过，却好像正是说他自己的事情似的。而被钉死在十字架上的基督确实经历了这一切。但是基督的手和脚并没有受扎，只是悬挂在木柱上。据此，大卫说，耶和华要在木柱上统管世界的百姓[5]；在别的地方先知也预言了这一木柱的后果，说，地球把她自己的祝福给人类[6]——当然指的是原始的未经使用的处女地——还没有经过雨水的灌溉，没经过阵阵冰雹风雪的滋养，是人类往昔的最初形成之地；是基督经由肉身生于童女那时的大地；大卫说，那木柱已经结了果实[7]，——不是指给人的始祖带去死亡的伊甸园中的那棵树，而是基督殉难的那棵木柱，在这棵木柱上生命被挂着，你们都不会相信！奥秘中的这棵木柱早年曾被摩西用来把发苦的水变甜；就是甜水使犹太人在沙漠中渴得恹恹欲死的时候喝了并重振了活

---

[1] 《但以理书》9：26。

[2] 《以赛亚书》65：2；《罗马书》10：21。

[3] 《诗篇》22：16—18。

[4] 《诗篇》69：21。

[5] 参见 p.175 注 1"从木柱上作王"的说法；亦请参见《诗篇》96：10—12。——译注

[6] 《诗篇》67：6；46：7；66：12；85：12—13。

[7] 《约珥书》2：22。

力〔1〕,这同我们从异教信仰的灾难中解脱出来很为相似——我们在异教
信仰中逗留,渴得萎顿欲死(即是说被剥夺了神圣之道),可是由于对基督
的信仰而喝了基督殉难木柱的洗礼之水而重振了活力〔2〕;这一信仰是以
色列人背弃了的,这一点我们在前面已经通过《耶利米书》讲过,耶利米
说,要特别问一问这些事情是不是已经做过? 列国是不是将要更换他们
的上帝(这些上帝不是帝!),但是我的百姓已经更换了他们的荣耀,由此
他们是无法得到恩典的,在他们那里天变得昏暗了(天是什么时候变暗了
的呢? 毫无疑问是基督受罪的那些日子里);他说,天还极为严重地颤抖
起来〔3〕;太阳在正午就变暗了〔4〕。天什么时候极为严重地颤抖起来呢?
只有基督殉教的时候,——这时候地球也朝着他的中心颤抖,圣殿中覆盖
圣物的幔子也从上到下裂开为两半,坟墓都坼裂崩塌〔5〕,原因就是我的
百姓所做的两件恶事;基督说,他们摈弃了生命之水的源泉〔6〕,而且还为
自己凿出而后又破裂了因而不能盛水的水池〔7〕。毫无疑问,由于不接受
基督,——即不接受生命之水的源泉,他们开始有了破裂的水池,也就是
有了让使用"外邦人离散"概念的一批犹太教堂,在这些犹太教堂中圣灵
不再停留〔8〕,可是在过去的日子里,在基督到来之前,圣灵总是在圣堂里等
候,而基督就是上帝真正的圣堂。以赛亚曾经说过,他们为此应该遭受对圣
灵的这种焦渴,他是这样说的:"看啊! 侍奉我的人有吃的,但是你们却要感
到饥饿;侍奉我的人可以喝水,但是你们要感到口渴,会因为精神的普遍
苦难而哀哭;你们必然留下自己的名字为我的选民指着赌咒,耶和华必杀

---

〔1〕 《出埃及记》15:22—27。
〔2〕 《使徒行传》26:18。
〔3〕 《耶利米书》2:10—12。
〔4〕 《阿摩司书》8:9。
〔5〕 《马太福音》27:45、50—52;《马可福音》15:33、37、38;《路加福音》23:44、45。
〔6〕 《启示录》22:1、17;21:6;11:6;《约翰福音》7:37—38;《耶利米书》2:13。这里作者把
做善事和恶事的不同结果混在一起谈论。——译注
〔7〕 《耶利米书》2:13。
〔8〕 《约翰福音》7:35。

你们,侍奉我的人会改名而得到新的名字,在这块土地上得到祝福[1]。

我们的阅读范围内这棵木柱的奥秘其至在《国王全书》[2]中也得到宣示。众先知的儿子们在约旦河边用斧头砍伐木头时,斧头这一铁器飞落到水流中,这时先知以利沙[3]出现了。众先知的儿子们恳求他把落在水中的铁器捞出来。以利沙答应了,他把木头投到铁器落水的地方,铁器立刻从水中飞起在表面上顺水游动,而木头沉没了,众先知的儿子们后来把斧子失而复得[4]。由此他们明白了,以利亚[5]的灵立即移到了以利沙的身上[6]。比这块木头的奥秘还要明显的事实是:这一世界的冥顽不灵已经沉入谬误的深渊中,又由于基督的木头,也就是基督殉教的木头在洗礼中得到解脱,目的是通过以前亚当的那棵树而失去的东西又通过基督的木柱失而复得,而我们当然是继承并占据了先知们的空间,在目前把先知们因为神圣宗教而总是面临的遭遇在世界上保持下去;先知们有的遭到他们石击;有的被他们放逐;然而更多的情况是,遭到肉体屠杀!这是他们不能否认的事实[7]。在上帝嘱咐亚伯拉罕[8]的儿子以撒应当为基督做牺牲的时候,以撒把这块木头扛起来做自己的祭品。可是因为这些都是为了基督时代完美的应验秘而不宣的奥秘,一方面,以撒和他的木头一起保存了起来,而代替以撒被当成烧祭的是那只两角被树丛缠住的

---

〔1〕《以赛亚书》65:13—16。

〔2〕 The Books of the Reigns,遍查网上各种资料,只有英文维基百科给出信息,认为应当是《国王全书》,该书为希伯来文,介绍公元前10—公元前6世纪的诸王。该书没有介绍出版年代。——译注

〔3〕 Elisha,圣经人物,公元前9世纪北国以色列的先知。耶稣曾经引用他的例子证明"以色列人中间得麻风病除一人外没有可得医治的"(见《路加福音》4:27)。——译注

〔4〕《列王记下》6:1—7,但是没有说"木头沉没了"。对此 Christian Classics Ethereal Library 版在注释1417中有特别说明。——译注

〔5〕 Elijah,公元前9世纪北国以色列亚哈王和亚哈谢王时代的先知,也是以色列历史上最重要的先知之一。——译注

〔6〕《列王记下》2:15—16。

〔7〕《使徒行传》7:51—52;《希伯来书》11:32—38。

〔8〕 被奉为犹太人和外邦人因信称义的代表,详见本书 p.13 注7。——译注

公羊[1]；另一方面，基督在他的时代因为要信守十字架像两角似的端点理念，把木头横在自己的双肩上方，把荆棘冠套在自己的头上。外邦人像绵羊一样被人牵去宰杀，像羊羔一样在在剪毛人面前噤口无声[2]，而基督必须成为代表全体外邦人的祭品，也同样三缄其口（因为在彼拉多审问他的时候他闭口不言[3]），"在基督卑微之时，人不按公义审判他，谁还细说他的世代呢？"[4]——原因是童女马利亚因为上帝的圣言而被发现怀孕之际，人类中根本没有人意识到她怀了而又生下来的是基督，还有一个原因是，基督的生命必须从人世间夺走[5]。有鉴于此，在基督从死后的第三天复活之后，为什么天上又接他返回去呢？按照何西阿[6]的先知预言："天亮之前，他们苏醒，进入我的心中，说，让我们出发，返回到我们的上帝耶和华那里去，因为上帝召集我们，使我们得到自由。两天之后，在第三天"[7]——也就是基督复活的伟大日子，他被接回到天上，（而圣灵由此临到童女身上[8]）犹太人一直没能承认基督的出生和殉教，对两者态度一样。因此，既然犹太人仍然争辩说基督还没有来临，而我们用这么多的方式证明他已经来到[9]，那么就让犹太人承认他们自己的命运吧——这是先知不断提前预告注定要招来的命运——这是基督到来之后由于他们蔑视并杀死基督而显现出来的不恭敬造成的。首先，按照以赛亚的说法，那天一个人把他的金子银子那些令人厌恶之物陈列出来，他们

---

〔1〕《创世记》22:1—14。注意英文的原文包括"horns"（双角）一词及它与紧接着的说法"十字架像两角似的端点"的呼应。——译注

〔2〕见《使徒行传》8:32。

〔3〕《马太福音》27:11—14；《马可福音》15:1—5；《约翰福音》19:8—9。

〔4〕《使徒行传》8:33。

〔5〕《以赛亚书》53:7—8。

〔6〕Hosea，圣经人物，约书亚的原名。

〔7〕《何西阿书》6:1—2。

〔8〕《路加福音》1:35。

〔9〕《使徒行传》2:22；《腓立比书》1:10。

就用虚荣而又伤人的仪式倾倒敬拜[1]——也就是自从我们外邦人由于基督的真道对心胸的双倍启蒙,把我们的偶像陈列出来(让犹太人看看),随后的一切就同样应验了。"万军之主[2]从耶路撒冷的犹太人中间",在命名了的别的物件中间,也把建造教堂——上帝的圣殿、建造圣城和耶和华圣所的聪明建筑师带走了[3]。从那时起,圣地的恩典在他们中间就不再起作用。"云得到命令不准给梭烈谷[4]的葡萄园下阵雨"[5]——因为云是上天的神圣恩典[6]——云得到命令不准出现在以色列的居所,"雨会催生荆棘",以色列的居所已经用荆棘制作出荆棘冠——荆棘不是正义,而是吵闹扰攘,就是吵闹扰攘使基督把自己让给了十字架[7]。这样一来,以前的恩典礼物撤了回去——律法和先知们到约翰即为终止[8];毕士大[9]的池子要等到基督的到来[10]:那以后给以色列人除去病弱的治疗性功能即告停止;作为他们长期坚持狂热的结果,耶和华的名字遭到玷污,圣经上记录说:"在外邦人中上帝的圣名因为你们而受到亵渎"[11],因为与上帝圣名牵连上了的恶行丑事是从他们那里开始的[12],而且在从

[1] 《以赛亚书》2:20。
[2] Sabaoth,旧约圣经对上帝的称谓在希伯来语中的音译词,见《诗篇》89:6—8。——译注
[3] 《以赛亚书》3:1、3;《哥林多前书》3:10;《以弗所书》2:20—22;《彼得前书》2:4—8。
[4] Sorek,圣经地名,耶路撒冷西南的谷地。——译注
[5] 《以赛亚书》5:6、7;《申命记》11:17。
[6] 《以赛亚书》5:2。
[7] 《马太福音》27:20—25;《马可福音》15:8—15;《路加福音》23:13—25等记录均强调了他们的吵嚷对耶稣之死所起的直接作用。——译注
[8] 《马太福音》11:13;《路加福音》16:16。
[9] 有多个拼写:Bethesda;Bethsaida,Beth—zetha,为圣经地名,是耶路撒冷城羊门附近的一个池子,池边有5个门廊,可以容纳大量的群众。传说天使搅动池水时。第一个下池子的人百病均可痊愈。——译注
[10] 《约翰福音》5:1—9。
[11] 《以赛亚书》52:5;《以西结书》36:20;《罗马书》2:24。
[12] 《以赛亚书》52:5;《以西结书》36:20;《罗马书》2:24。——译注

提庇留[1]到维斯帕先[2]的过渡时期传播了出去。[3] 由于他们犯下了这些罪行,又没能理解基督将要在对他们的天罚期间被人发现,因此他们的土地已经变得荒芜,他们的几个城市因大火彻底烧毁,而陌生人当着他们的面席卷他们的地区,锡安城就像葡萄园的塔楼或者黄瓜园的看守棚屋一样遭到遗弃,这种情况甚至是自从以色列不认主,其百姓不理解主,倒是把以色列的圣者遗弃并且激怒以来就一直如此。[4] 所以我们再一次发现了刀剑的有前提威胁:"若不听从,反而悖逆,就必被刀剑吞灭!"[5]从这里我们证明,刀剑就是基督,由于不听基督的话,他们遭到被吞灭的命运[6];在《诗篇》中基督要求圣父让他们颠沛流离——基督说,在您的权能下让他们到处离散吧[7]! 基督还通过《以赛亚》祷告,让他们的城市焚毁,"为了我让这些事发生在你们身上吧;你们必然躺在悲惨中"[8]。

因此,有人预言为了基督的缘故犹太人注定要遭受这些灾难,而我们发现他们确实遭受了,而且看到他们流离转徙并在那种状态中生存;明显的情况是由于基督的缘故这些事已经降临到犹太人身上,圣经经文的涵义与这些事件的结局和时间顺序都契合无间。不然,如果基督还没有到来,那么人们为了谁的缘故预言他们注定要遭受这一切呢? 如果基督只是将要到来,那么结论就是,犹太人遭受这一切灾难是将要发生的事。可是那样一来,现在居无定所的锡安居民遭到遗弃是在哪儿发生的呢? 那些将被毁灭的城市在哪里呢? ——而这些城市已经毁灭了而且现在还

---

〔1〕 Tiberius,罗马帝国皇帝(公元 14—37 年在位),奥古斯都的养子。他在耶稣公开传道时统治罗马帝国,事见《路加福音》3:1。——译注

〔2〕 Vespasian,参见第 8 章内容及注。——译注

〔3〕《路加福音》19:41—44 里还提到耶稣快到耶路撒冷时还说过"这事现在是隐藏的"——惩罚他们的日子还没到。——译注

〔4〕《以赛亚书》1:4、7—8。

〔5〕《以赛亚书》1:20。

〔6〕《诗篇》59:11。

〔7〕《诗篇》59:11。

〔8〕《以赛亚书》50:11。

在瓦砾堆中呢！一个族群的风流云散又在哪儿发生呢？——而现在他们还在流离失所呢！如果把基督意欲寻觅的状况恢复到犹太地，那么（如果你愿意）就去主张吧：有另外一个基督将要到来。

第 14 章
结论：犹太人谬误的线索。

（关于并超乎当前问题之上）让我们了解一下你们谬误的线索吧！我们肯定，先知们所展示的基督有两个特点，基督两次到来也是有记录可以援引的：一次是在卑微中（当然是指第一次到来），那时他让人牵着"去被宰杀，而且在剪毛人面前像温顺噤声的羊羔一样钳口不言"，甚至在外观神态上也恰当得体。我们已经宣布，先知涉及基督时说，"他像个小孩子，像缺水的土地上的根子，在他的身上没有吸引力，没有荣耀。我们看到的基督没有魅力，没有恩典，他的样子难以得到尊敬，跟人子相比显得不足"[1]，是一个在遭难中受处置的人[2]，知道自己怎么样承受病弱，即是说是被圣父定下的"绊脚的石头"[3]，使他"比天使微小一点"[4]。他宣布自己是个"虫子，不算是人，被众人羞辱，被百姓蔑视"[5]。出身卑微的证明适合于基督的第一次到来，恰如他第二次到来时的尊贵显荣的证据：第二次到来时不会再有人把他说成是"绊脚的石头"或者"耻辱的磐石"，而是说他是在把（地上的）受罚带到天上，为了在日期满了的时候升

---

〔1〕 德尔图良常常把经文里的话大略言之，不求精确。这里他又是只把《以赛亚书》53:2的描述概而言之。——译注

〔2〕《以赛亚书》53:2—3。

〔3〕《以赛亚书》8:14；《罗马书》9:32—33；《诗篇》118:22。

〔4〕《诗篇》8:5；《希伯来书》2:5—9。

〔5〕《诗篇》22:6。

华到尊贵显荣[1]的"最高的房角石"之上[2],我们必须承认,从《但以理书》中我们读到,这块岩石是从山上提前开凿而成的,他将砸碎世俗王国的形象[3]。在基督第二次到来一事上《但以理书》说:"看啊! 由于是人子,驾着天云而来,被领到亘古常在者面前,在上帝的视线中。由站在一边的多人领到了上帝面前。上帝把庄严的权柄授予了他,地上的列国按照他们的族别以及所有的荣耀都将侍奉他,他的权柄是永世长存的,不会遭到剥夺,而他的国不会腐败堕落。"[4]此外,肯定无疑的是:基督将会有高贵的风度,他作为上帝的儿子,其恩惠不会比人间的儿子们贫竭匮乏;"跟人间的儿子相比,基督的俊美将会像开花一样发光"。《诗篇》的作者说:"你嘴里满有恩惠,所以上帝赐福给你,直到永远。愿你腰间佩刀,在你的焕发和俊美上你最显荣耀威严。"[5]而圣父在让基督他"比天使微小一点"之后,"赐他荣耀和尊严的冠冕,让万物都伏在他的脚下"[6]。这时他们才了解到他们以前搠刺过这个人,就要一家一家地捶胸哀号[7],原因当然是,在往昔的日子里,在他人间地位卑微的状态下他们没能了解他。耶利米说过,他是人类中的一员,谁能识透呢[8]? 以赛亚说,他的世代谁会细数呢[9]? 所以,在《撒迦利亚书》[10]中,这位圣父最真的祭司,

———————————

[1] 《以弗所书》1:10。

[2] 《以赛亚书》28:16。

[3] 《但以理书》2:34—35、44、45。

[4] 《但以理书》7:13、14。

[5] 《诗篇》45:2—3。

[6] 《希伯来书》2:6—9;《诗篇》8:5—6。

[7] 《撒迦利亚书》12:10、12;《启示录》1:7。

[8] 《耶利米书》17:9的原文如果直译过来是"人心比万物都诡诈,坏到极处,谁能识透呢?"——译注

[9] 见《使徒行传》8:33。——译注

[10] Zecharia,旧约圣经第38卷。其作者到底是谁,未有定议。但是其第1至第8章是先知萨迦利亚提供消息所著。圣经中和历史上名叫萨迦利亚就有多人,先知萨迦利亚是易多的孙子,比利迦的儿子,其根据请见《撒迦利亚书》1:1。——译注

即他自己的基督身份,以基督自己的位格,在他自己名字的奥秘本身[1]中,在他两次莅临人间时被描述成有两种不同的装束:第一次,他穿着肮脏的衣服,即是说,只能是过得去的肉身穿着有失尊严的衣服,那时正是魔鬼,即叛徒犹大那位嗾使者[2]跟基督作对的时候,这魔鬼甚至在基督洗礼之后还在试探他。而在下一个地方,他原来的肮脏衣服脱掉了,穿了一件垂到脚面的长袍,包着头巾和干干净净的大祭司冠,即是说穿着第二次莅临人间的衣装,他彰显出来的风度是已经获得了荣耀和尊严。你不能说,这里描述的人是约萨达[3]的儿子[4],约萨达的儿子倒是从来没有穿过肮脏的衣服,而是永远穿着司铎的服装,而且从来没有被剥夺过司铎的职务噢。在那里提及的耶稣是基督,是上帝——至高无上圣父——的祭司,在第一次来到人间的时候是卑微的,呈人间的形态,算是过得去,甚至直到他的殉教为止;他自己就是这样在(受罪的各个时期)为我们全体做出牺牲的所有阶段中都一以贯之。可是在他复活之后,他穿的是可垂到脚面的长袍[5],被人称为上帝圣父的祭司直到永远[6]。所以,我要再一次为斋戒日都习惯性祭出的两只替罪的山羊[7]做出阐释。他们不是也指向了已经到人间的基督特点的依次阶段了吗?一方面由于主耶和华总体形象的等同性,考虑到基督返回时曾经伤害过他的那些人必须认出他来,因此是不能以某种别的形象来到人间的,所以他们是相同的一对形象。但是,其中之一穿着红色衣服,在咒骂、满世界的唾弃,以及撕扯和搠刺过程中被人们在城外摈弃到永劫之中;作为基督殉难的标志,在穿上了

---

〔1〕 Christian Classics Ethereal Library 版认为"名字的奥秘"指的是"约书亚",详见《撒伽利亚书》3。——译注
〔2〕《约翰福音》6:70。
〔3〕 Jozadac,见《以斯拉记》3:2;另一个拼写是 Jehozadak,圣经人物,是大祭司约书亚的父亲。事见《哈该书》1:1。——译注
〔4〕《哈该书》1:1、12;2:2、4;《撒伽利亚书》6:11。
〔5〕《启示录》1:13。
〔6〕《诗篇》110:4;《希伯来书》5:5—10。
〔7〕《利未记》16。

红色衣服,遭到普遍的唾弃,蒙受所有的无礼行为之后,在城外被钉死在十字架上了〔1〕。然而另一位基督,因罪孽被献祭出来,仅仅当作送给圣堂里面那些祭司的食物〔2〕,给出了第二次出现的出色证明;在把所有的罪都赎过了之后,精神的圣堂也就是教堂里的众祭司即将把主的恩典作为当众的精神分配予以享受,而别人则是从拯救中斋戒起来。

因此,既然基督第一次来到人间的预言以多个形象使自己黯然失色,以每个耻辱使自己丢丑,而预言的第二次到来则是鲜明而又无愧于基督的。那么,从中得出结果是,谈起显得较为卑微失色的,有愧于基督的第一次到来,在所有事件中,倘若只是凝视他们容易理解而且相信的在光宠和荣耀中基督的第二次到来,他们理所当然地受了骗。这样,到了目前的时刻,他们肯定,他们的基督还没有到来,原因是他没有在光宠和荣耀中到来,而他们对于基督第一次在卑微中的到来的事实竟然懵懂背晦,一无所知!

与此同时,到目前为止,追寻顺水而下般的基督进程的顺序,借以证明先知们习惯性地宣布的基督到底是什么形象就已经足够了,目的是,我们可以理解作为同圣经相互吻合的这种结果;还有一个目的是:过去预言在基督之后必定发生的那些事件,作为神圣安排的结果,人们可以相信已经应验了。除非基督来了,除非在他之后那些事件必须应验,否则,那些事件以及预言归因于基督的到来而在事件后发生的事情就都不能真地实现。因此,如果你看到那以后遍地出现的列国从人类谬误的深渊中来到上帝——造物主以及他的基督(对这一点你们不敢肯定没有先知预言过,所以,尽管你们打算这样肯定,但是,正如我们已经事先提出的那样,圣父的应许会立即来到你们身边:“你是我的儿子,我今天生你,如果你求我,我就会把列国赐给你为基业,把地极赐给你为田产。”〔3〕作为预言的题

〔1〕《希伯来书》13:10—13。
〔2〕 Christian Classics Ethereal Library 的编者认为是德尔图良之误,因《利未记》6:30说的是在圣所里面的祭品是不可食用的,必须用火焚烧。——译注
〔3〕《诗篇》2:7—8。——译注

目,你们无法维护的是大卫的儿子所罗门,而不是上帝之子基督。圣父把地极赐给的对象不是仅仅在犹太地的范围之内进行统治的大卫之子,而是上帝之子——基督,基督已经用他的福音照亮了整个世界。再一次简而言之,"直到永远"[1]的神座更适合上帝之子基督,而不是仅仅统治以色列一地的暂时君王所罗门。目前,原来一直不了解基督的列国正在祈求基督;目前,各国的百姓正在一起迅速跑向往昔他们一无所知的基督[2]。你们不能坚持主张你们正在看着发生的一切都是未来的事。这些事件正在你们眼前发生之际,你们或者否认先知们预言过它们的发生,——否则你们听到有人阅读它们之际,就都已应验了;或者,在另一方面,如果你们不能否定每个立场,那么,这些事件就将会应验到先知们预言了的基督身上。

---

[1] 请对比《撒母耳记下》7:13;《历代志上》17:12;《诗篇》89:4、29、36—37。
[2] 《以赛亚书》55:5。

译后记

刘英凯

　　这已经是跟我女儿刘路易合作翻译的第二本书了。跟前一本书《夏季走过山间》以她为主不同,这次的翻译以我为主,我做了五分之三的工作。翻译这本书所花的时间和精力都比前一本多了很多。以自己而言,经过了矻矻终日、水滴石穿的努力,正文翻译结束并从头到尾审校完毕,译者前言也最终杀青。此时,心里感触很多,下面我要把久蓄于其中的话分三个小题记录如下。

一、几点说明

　　第一,读者会发现,中译本译文中有不少文字出现在括号之中。我们需要向读者郑重指出,所有括号内的文字都不是译者所加,而是德尔图良英译本所原有的。

　　第二,读者会感到,这本译本中的三部作品中所用的"章"似乎更像是"节",因为有的"章"只是有几行的篇幅。这种章节安排是德尔图良的大部分著作的共同特点。可能正是出于这样的考虑,清华大学王晓朝先生在给涂世华先生的中译本《护教篇》所写的"中译本导言"里,使用"节"的字眼代替"章",例如"《护教篇》第 30 节"等等。涂世华先生本人对其译作

《护教篇》的章节处理则都是回避了 Chapter 这一单词,例如第 1 章,只标出"一";第 50 章,只标出"五十"等等。这一处理方法是很聪明,很可取的。可是我们权衡再三,决定还是使用"章"这一译名,原因是要尽可能地忠实于原文,英语原文既然有 Chapter 这一词语,那么译文保留它,无可厚非,而且这样的"章"的长度也可能是泄露公元 2—3 世纪 Chapter 的拉丁语对应词汇的原始含义的历史资料呢! 再者,英译本使用的是 Chapter,而这一英语单词在汉语中的对应词是"章"而不是节。

第三,内行的读者可能会问,这本中译本中的最后一篇《给犹太人的回答》在写作时间上是早于第二篇《驳帕克西亚》的,为什么不安排在第二篇之前? 我们的猜想是,这一安排可能是编者按照主题所做的分类。《反异端的法规》同《驳帕克西亚》均属于反异端的论战主题。

二、致谢

在翻译的过程中,我们碰到的最大难题是德尔图良著作中所涉及的有关圣经(包括旧约和新约圣经)的信息。这些信息无处不在,有的是直接引用圣经中成句的"经节",有的仅仅是个词组(即《耶大雅圣经工具》中的所谓"字串");有的甚至只是一个词,例如《反异端的法规》第 7 章中"耶和华把这些人的智慧称为'愚拙'"中的"愚拙"(foolishness)就只是一个词,而它语出圣经何处,没有工具书,很难寻找和确定。

最初的 4 个月我们依靠《耶大雅圣经工具》中的"经节查询"为德尔图良所用的成句的圣经语录在圣经中寻找来源,然后写进中译本的脚注中;而对词组类的圣经信息,我们查阅《耶大雅圣经工具》中的"字串查询"为它们在圣经中定位。但是如上这两种工作费时费力,所以很大程度地影响了我们翻译的进度。

在翻译了 4 个月之后我们获悉网上有 Christian Classics Ethereal Library 版的德尔图良全集。该版为德尔图良每一部著作都提供了十分丰富的尾注。这些尾注涉及直接、间接甚至是隐含的圣经信息。我们的译本所提供的脚注的 90％都有这个版本的德尔图良全集作为权威性的支撑。这是我们最应该致谢的参考书目。

我们还要特别致谢的是卢龙光主编的《基督教圣经与神学词典》（北京：宗教文化出版社，2007）。这本词典对于圣经人名和圣经地名等等的介绍不仅条条精粹，要言不烦，而且更重要的是，它还提供了这些条目在圣经上的篇目来源。我们认为，就学术性和实用性的结合上看，这部词典在同类的大小词典中无疑是上乘之作，最值得推介。

我们所参考过的著述还包括：

冈察雷斯（Gonzales，J. L.）著，陈泽民等译：《基督教思想史》（上海：译林出版社，2008）。几个中文译名的确立有赖于这本书的译名选择。

丁光训等主编：《基督教大辞典》（上海：上海辞书出版社，2010）；

代彭康、陈邦俊主编：《圣经词典》（西安：陕西人民出版社，1989）；

杜有良主编：《简明汉英英汉世界宗教词典》（北京：中国对外出版公司，1994）；

International Bible Society：*The Holy Bible—New International Version*（East Brunswick，New Jersey：International Bible Society，1984），这个版本对于订正德尔图良的不精确引述起到了重要作用。我们在脚注中所说的"新泽西国际圣经协会版"即指的是这个版本。

《和合本圣经》（没有出版信息）。这是我们翻译有关的圣经信息的主要依据。

Watchtower Bible and Tract Society of New York，Inc. 出版：《圣经新世界译本》（1984）。这一版本的中文圣经备有"圣经词语索引"和"圣经讨论话题"为我们的翻译贡献良多。

香港圣经公会：《圣经和合本修订版》（2010）。这个版本到手之日，我们的翻译工作已近尾声，所以未来得及做较多参考。但是我们参考了其附录中的"词汇浅注"，对这本中译本中的不少脚注做了小的修改。

我们还要向香港浸会大学的 Lauren Pfister 教授致以衷心谢意,他在宗教和哲学乃至拉丁语上的广博知识帮助我们解决了不少理解上的难题。

三、脚注条目选择的原则及其学术功能

细心的读者会发现,我们的这个中译本中的脚注大大多于一般的译本,总数达到 973 条。其中《反异端的法规》、《驳帕克西亚》和《给犹太人的回答》的脚注数目分别为 206、365 和 402 条。我们认为提供这些脚注对于读者的理解是十分必要的。请看《反异端的法规》第 3 章有这样的话:"大卫是'深得上帝之心'的好人,后来犯有谋杀和通奸罪。"除非是圣经研究者或者深谙圣经的老信徒,新的信徒和一般人都会陷于似懂非懂的困惑之中。我们为"大卫"提供的脚注是:"David,犹大的君王(约公元前 1008—公元前 1001 年在位),后来又成为以色列第二代君王(约公元前 1001—公元前 968 年在位)。他是以色列历史上最伟大的君王,耶稣基督的先祖。他后来因为与拔示巴通奸而设计杀害了乌利亚,占有了拔示巴,成为他一生的污点。"为"深得上帝之心"提供了的脚注是"《撒母耳记上》13:14",读者查阅了《撒母耳记上》这段记载就会了解到,"深得上帝之心"这个动宾词组(字串)指的是"耶和华已经选中一个合他心意的人,立他做百姓的君。"而为"后来犯有谋杀和通奸罪"提供了的脚注是"《撒母耳记下》11"。读者读了《撒母耳记下》11 的整个一节,就会对大卫的"谋杀"和"通奸"的详细过程了如指掌。大卫是最重要的圣经人物之一,这本中译本在后面的两部作品都多次涉及他。有了前述的几个脚注就为以后的理解铺平了道路。

我们给予脚注处理以进行解释的主要有圣经引文(见本小节的第 3 段)、圣经人物(包括较有知名度的该隐和亚伯等,也包括知名度不太大的腓吉路[Phygellus]和黑摩其尼[Hermogenes]等)、圣经地名(包括较有知

名度的哥林多和以弗所,也包括知名度不太大的亚该亚[Achaia]和别是巴[Beersheba]等)、神话中的人物(如希腊神话中的"美狄亚"[Medea]和波斯神话中的"米特拉神"[Mithra]等)、圣经上没有提到的大量历史人物,包括政治人物(如知名度较大的埃及"艳后"[Cleopatra]女王和罗马帝国第一任皇帝奥古斯都,也包括知名度不太大的皇帝加尔巴[Galba]和奥托[Otho])、宗教界历史人物(包括较有知名度的瓦伦廷和马西昂,也包括知名度不如他们的赫拉克利特[Heraclitus]和伊便尼[Ebion]等)以及历史事实等等。但是,一般知识分子都耳熟能详的人名、地名等不做注释,例如人名如柏拉图、亚里士多德和叛徒犹大等;地名如亚细亚、罗马和大马士革等;国名如大不列颠、德国、希腊等。

上面所述的圣经的引文包括英语原文的直接引语(带有引号的圣经引语),间接引语(不带引号的圣经引语)和隐含的圣经引语。"隐含的圣经引语"的例子如《反异端的法规》第1章中的"因为已有预言说,异端必将出现"。我们所做的脚注是:"《提摩太前书》4:1-3;《马太福音》7:15;24:4-5、11;《彼得后书》2:1都提到'离弃真道'、'假先知'、'假基督'和'异端'的现象。"

历史事实除了历史名人的事实,还包括一定历史时期具体物品和抽象事物的介绍,例如《反异端的法规》第30章中有如下字句:"马西昂开始带着两百塞斯特斯来到教堂。"没有注释,读者就会对"塞斯特斯"莫名其妙。关于当时货币"塞斯特斯"我们所做的脚注是:"古罗马的一种货币,初为银铸,后为铜铸,4个赛斯特斯为一个迪纳里厄斯(Denarius)。"这属于"具体物品"。"抽象事物"如随后的第33章中有"人们可以识别出瓦伦廷,在他的体系中是称为某种永世(AEon)的,不管用一个新名后它是什么……而且并不只用一个名,能自行创造'感知和真理';而'感知和真理'以同样的方式,自行产生'道和生命',而'道和生命'后来又造出了'人类和教会'。从这元初的8个'永世'又有10个'永世'随后跳出来,接着又有另外12个'永世'出现,每一个都有个非凡的名字——他就这样完成了他30个'永世'……"如果没有注释,读者对于"永世"、"非凡的名字"、带引号的并列词组和几个阿拉伯数字都会不无困惑。我们提供的脚注会帮读者解决这类问题:英语"维基百科"说,瓦伦廷的"永世"说包括15"组"(syzygies)概念,每组有两个概念,共计30个,每个概念均是一个"永世"。限于篇幅,我们不拟把15组概念全部译成汉语,而上文涉及到的前4组则分别是"混沌和沉寂"、"感知和真理"、"道(逻各斯)和生命"以及"人类和教会"。

上文提到,脚注的提供可以有解惑和介绍知识的作用,另一方面,我们觉得,必须有足够的脚注才能保证这本中译本能够具有必须有的学术严谨性。我们的脚注包括一些学术上的探讨,例如包括探讨不同版本用词的不同,《反异端的法规》中p.33注4:"《路加福音》19:20-24。'一锭银子'用的是和合本的译名,原文是pound,在国际圣经协会版里用的是mina(迈纳),为古希腊和埃及的货币。"即为其例;不同版本的不同有时不只是单个的词,而是更为复杂,例如《驳帕克西亚》中p.71注5:"这是英文原版《诗篇》45:1原文的直译,新泽西国际圣经协会版已经改成My heart is stirred by a noble theme as I recited my verses...(和合本的译文是:'我吟出诗篇时我心里涌出美辞'。)"就涉及句子;《反异端的法规》p.51注1:"一定会有异端,异端没有圣经经文不行"的脚注则表明译者对不同版本的理性抉择:"《哥林多前书》11:19的英文原文对这句话的引文For there must be also heresies among you, that they which are approvesd may be made manifest among you 与这段汉译文庶几近之。英文的国际圣经协会版已经极少用heresie这个字眼,而用differences代之。根据上下文我们的译文只能'弃新图旧',依照旧版。"《反异端的法规》第5章中涉及:"make manifest all such as were approved",我们没有按照和合本在《哥林多前书》11:19处的相应译文"好叫有经验的人显明出来"来处理,一是因为把make...manifest这一句型的深层含义就是"彰显",比"叫……显明出来"更简洁,更点题,更重要的原因则是as were approved 中的 approved 在古今的英文中均无"有经验的"含义,所以我们遵照英文原文,自拟了译文"彰显出受到认可的一切",我们随后的脚注处理成:"《哥林多前书》11:18 - 19,经查证此处原文 to make manifest all such as were approved 来自 Corinthians11:19,可是相应的和合本译文差距太大,译成'好叫有经验的人显明出来',故此自拟译文如上。"而《驳帕克西亚》中 p.85 探讨了和合本的又一讹误以及我们提供的新翻译:原文是 God is in you,这里的 you 当指基督是单数,可是和合本译成了"神在你们中间",这个复数的"你们"应属错译。我们按照"国际圣经协会版"的 God is with you,译成"上帝跟你在一起"。

　　脚注的学术上的探讨也包括对德尔图良写作特点的介绍。德尔图良是修辞圣手,我们有一些脚注是提醒读者注意德尔图良使用某一修辞方式例如大量使用的反语(irony)的良苦用心和积极效果的。但是,我们的脚注也有些指出德尔图良行文中的负面因素。例如,《给犹太人的回答》中 p.142 注 8 指出德尔图良提及圣经人物的辈分关系时的疏忽:"Lot,圣经人物,亚伯拉罕的侄儿,并非如德尔图良所说的是亚伯拉罕的'兄弟'。对他的描述请见《创世记》11:31;13 - 14;18 - 19。"随后的 p.179 注 2 指出了德尔图良在他的圣经引文出处上的失误:"这里又是德尔图良之误,实际上这一记载不是在《出埃及记》里,而是在《申命记》28:65 - 66 里面。"《给犹太人的回答》p.189 注 1 指出德尔图良常常把经文里的话大略言之,不求精确:"这里他又是只把《以赛亚书》53:2 的描述概而言之。"

　　《给犹太人的回答》第 8 章有多个注释都指出德尔图良在历史年代上所出的差错,例如 p.158 注 13 指出:"历史上没有克娄帕特拉和奥古斯都联合统治的事实。公元前 36 年奥古斯都才打败安东尼,才开始有了统治的可能性,那时克娄巴特拉已经统治了埃及 15 年,距离她自杀只有 6 年的时间,而事实上她的自杀发生在奥古斯都建立其帝国仅仅一年之后。"

　　翻译这本书的过程是一个研究圣经和基督教思想史的有趣过程,我从中获取了类似写学术论文一样的陶然之乐。但是,我自知,这方面的研究不是我的长项,肯定有不少缺点甚至错误。如果有人指出我翻译中的缺失,我将不仅欣然接受,而且将会把他们引为师友。诗经有云:"嘤其鸣矣,求其友声","如切如磋,如琢如磨",这样的诗句应当永远是学人间一起探赜索隐时的座右铭!

图书在版编目（CIP）数据

德尔图良著作三种/［古罗马］德尔图良著；刘英凯，刘路易
译. —上海：上海三联书店，2013.10
（古典学译丛）
ISBN 978－7－5426－4376－6

Ⅰ.①德… Ⅱ.①德…②刘…③刘… Ⅲ.①德尔图良－哲
学思想 Ⅳ.①B502.4

中国版本图书馆 CIP 数据核字（2013）第 220774 号

德尔图良著作三种

著 者 /［古罗马］德尔图良
译 者 / 刘英凯 刘路易

责任编辑 / 黄 韬
装帧设计 / 鲁继德
监 制 / 李 敏
责任校对 / 张大伟

出版发行 / 上海三联书店
 （201199）中国上海市都市路 4855 号 2 座 10 楼
网 址 / www.sjpc1932.com
邮购电话 / 021－24175971
印 刷 / 上海展强印刷有限公司

版 次 / 2013 年 10 月第 1 版
印 次 / 2013 年 10 月第 1 次印刷
开 本 / 640×960 1/16
字 数 / 150 千字
印 张 / 14
书 号 / ISBN 978－7－5426－4376－6/B·305
定 价 / 30.00 元